喜楽研の支援教育シリーズ

ゆっくり ていねいに 学びたい子のための

読解ワーク ぷらす 4年

企画・編著 ／ 原田 善造

本書の特色

同シリーズ、読解ワーク①・②の発刊以降に行われた教科書改訂にて、新たに採用された教材を主に掲載しています。

また、様々な文章の読解力をつけることができるように、弊社独自の文章も多数掲載しています。

ゆっくりていねいに、段階を追った学習ができます。

読み書きが苦手な子どもでも、ゆっくりていねいに段階を追って学習することができるよう、問題が作成されています。また、漢字が苦手な子どもでも学習意欲が減退しないように、問題文の全ての漢字にふりがなを記載しています。

どの子も理解できるよう、長文は短く切って掲載しています。

長い文章は読みとりやすいように、主に二つから四つに区切って、問題文と設問に、1、2…の番号をつけ、短い文章から読みとれるよう配慮しました。記述解答が必要な設問については、答えの一部をあらかじめ解答欄に記載しておきました。

豊かな内容が子どもたちの確かな学力づくりに役立ちます。

教科書の内容や構成を研究し、小学校の先生方や特別支援学級や支援教育担当の先生方のアドバイスをもとに問題を作成しています。

あたたかみのあるイラストで、楽しく学習できるよう工夫しています。

問題文に、わかりやすい説明イラストを掲載し、楽しく学習できるようにしました。また、文章理解の補助となるよう配慮しています。

ワークシートの説明・使い方

学習する児童の実態にあわせて、拡大してお使いください。

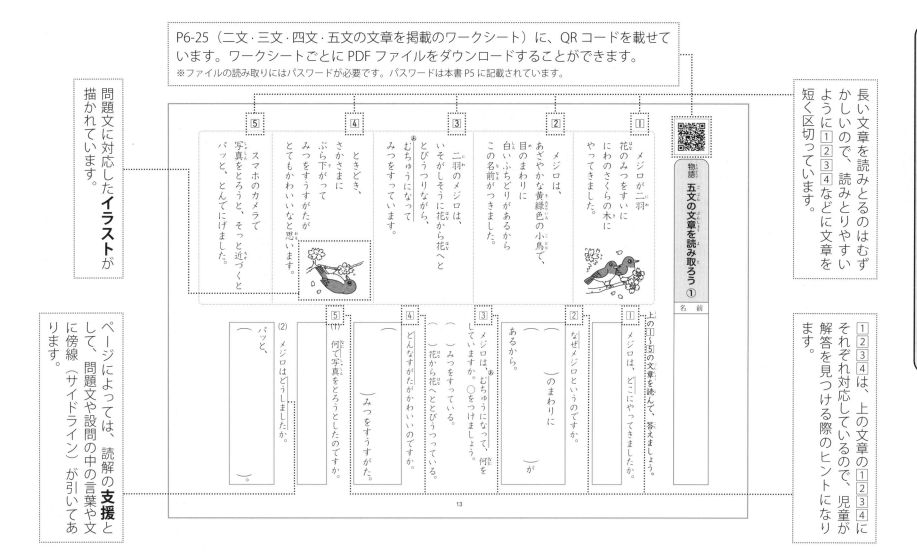

P6-25（二文・三文・四文・五文の文章を掲載のワークシート）に、QR コードを載せています。ワークシートごとに PDF ファイルをダウンロードすることができます。
※ファイルの読み取りにはパスワードが必要です。パスワードは本書 P5 に記載されています。

長い文章を読みとるのはむずかしいので、読みとりやすいように[1][2][3][4]などに文章を短く区切っています。

問題文に対応した**イラスト**が描かれています。

[1][2][3][4]は、上の文章の[1][2][3][4]にそれぞれ対応しているので、児童が解答を見つける際のヒントになります。

ページによっては、読解の**支援**として、問題文や設問の中の言葉や文に傍線（サイドライン）が引いてあります。

物語　五文の文章を読み取ろう ①

名前

[1]
メジロが二羽
花のみつをすいに
にわのさくらの木に
やってきました。

[2]
メジロは、
あざやかな黄緑色の小鳥で、
目のまわりに
白いふちどりがあるから
この名前がつきました。

[3]
二羽のメジロは、
いそがしそうに花から花へと
とびうつりながら、
ⓐむちゅうになって
みつをすっています。

[4]
ときどき、
さかさまに
ぶら下がって
みつをすうすがたが
とてもかわいいなと思います。

[5]
スマホのカメラで
写真をとろうと、そっと近づくと
パッと、とんでにげました。

上の[1]〜[5]の文章を読んで、答えましょう。

[1] メジロは、どこにやってきましたか。

[2] なぜメジロというのですか。
（　　）のまわりに
（　　）があるから。

[3] メジロは、ⓐむちゅうになって、何をしていますか。○をつけましょう。
（　）みつをすっている。
（　）花から花へととびうつっている。

[4] どんなすがたがかわいいのですか。
（　　）みつをすうすがた。

[5] (1) 何で写真をとろうとしたのですか。
(2) メジロはどうしましたか。
パッと、
（　　）。

13

【指導にあたって】

- 上の文章の[1]を二回音読します。そのあと、下の[1]の設問に答えます。次に上の文章の[2]を２回音読します。そのあと、下の[2]の設問に答えます。[3][4][5]とある場合も同様に、それぞれ音読し、設問に答えます。設問を解き終えたら、最後にもう一度音読します。
- 詩・短歌・俳句の場合は、先に全体を二回音読します。次に[1]、[2]、…と分かれている場合は、それぞれに分けて音読し、設問に答えます。設問を解き終えたら、最後にもう一度音読します。

ゆっくり ていねいに 学びたい子のための 読解ワーク ぷらす 4年

もくじ

【短歌・俳句】教科書教材

【説明文】教科書教材

言葉

解答例

QR コンテンツについて

P6-P25（二文・三文・四文・五文の文章）のワークシートの PDF ファイルをダウンロードしてご利用いただけます。

右の QR コードを読み取るか、下記の URL よりご利用ください。

URL：
https://d-kiraku.com/4248/4248index.html
ユーザー名：dokkai-pu4
パスワード：Mnv2AU

※各ページのQRコードからも、それぞれのPDFファイルを読み取ることができます。
※このユーザー名およびパスワードは、本書をご購入いただいた方に限りご利用いただけます。第三者への共有や転送は固くお断りいたします。また、教育目的で児童・生徒に共有される際は、授業を実施される先生・指導者がコンテンツをダウンロードし、ご利用くださいますようお願いいたします。
※上記 URL は、本書籍の販売終了時まで有効です。

物語

二文の文章を読み取ろう①

名前

1

きのう、三さいになった
弟の光男をつれて、
公園へ遊びに行きました。
　公園が大好きな弟は、
ブランコにのったり、
すべり台を何回も
すべったり、おおはしゃぎで、
遊び回っていました。

1 の文章を読んで、答えましょう。

(1) 弟は①何さいですか。弟の②名前も書きましょう。

① 何さい

② 名前

(2) 弟は何で遊びましたか。二つに○をつけましょう。

(　)ジャングルジム　(　)ブランコ

(　)すべり台　(　)すな場

2

学きゅう園で育てていた
チューリップとヒヤシンスの
花が、きのう、いっせいに
開きました。
　チューリップは、
赤と黄色と白の三色、
ヒヤシンスは、
赤とむらさきの二色で、
どれもとてもきれいに
さきました。

2 の文章を読んで、答えましょう。

(1) 何の花が開きましたか。二つ答えましょう。

(2) 花は①どこで、②いつ、開きましたか。

① どこで

② いつ

(3) チューリップとヒヤシンスのどちらにもある色一つに○をつけましょう。

(　)赤　(　)白　(　)むらさき

(4) どのようにさきましたか。

とても(　　　　)さきました。

物語　二文の文章を読み取ろう②

名前

1

ゆずきさんは、
学校からの帰り、
畑のそばで
小さな白い花が
さいている
ぺんぺん草を見つけました。
家に着いて、
とってきたぺんぺん草を
お母さんに見せると、
「かわいい花ね。
ぺんぺん草はナズナと言って、
春の七草のひとつですよ。」
と、教えてくれました。

2

ゆずきさんが、お母さんに
春の七草の名前を
Ⓐたずねると、
その中に「すずな」と
「すずしろ」という
変わった名前が
ありました。
Ⓘこの二つは、どんな草花だろうと
思って、図かんで調べると、
すずなはカブで、すずしろは
ダイコンのことだとわかりました。

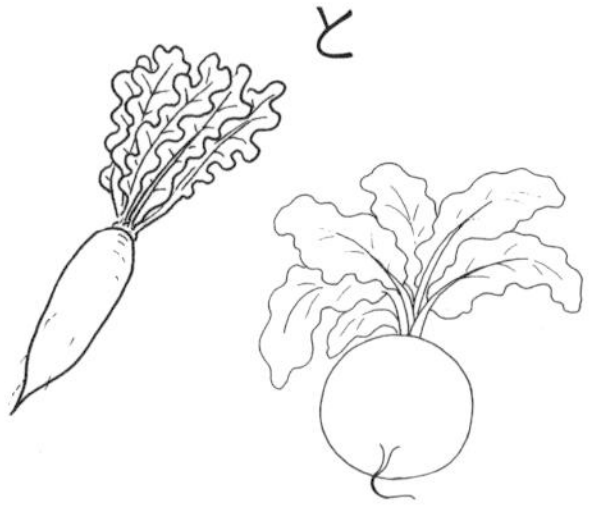

1の文章を読んで、答えましょう。

(1) ①だれが、②いつ、③どこで、④何を見つけたのですか。

① だれが　（　　　　）さんが

② いつ　（　　　　）からの帰り

③ どこで　（　　　　）のそばで

④ 何を　（　　　　）を見つけました。

(2) 1の文章に当てはまる文に○をつけましょう。

（　）ぺんぺん草とナズナは、同じ草花です。

（　）ぺんぺん草は、春の七草ではありません。

2の文章を読んで、答えましょう。

(1) ゆずきさんは、お母さんに何をⒶたずねましたか。

（　　　　）の名前

(2) Ⓘこの二つとは、何の草花のことですか。二つ書きましょう。

□　□

(3) ①すずなと②すずしろは、何のことでしたか。

① すずな　□

② すずしろ　□

二文の文章を読み取ろう ③

名前

1

ひとしの自転車は、兄からの
おさがりで、こぐたびに
ギイギイと音をたてる。
それでも、入道雲が
わき立つような暑い夏に
公園へ遊びに行くとき、
自転車があるのは
うれしかった。

2

となりに住むおおじさんから、
むかしはこの近所の小川に、
メダカやゲンゴロウや
ミズスマシがいたんだよと
聞いた。
こう水にならないように、
川岸をコンクリートで
かためてしまったから、
それらの生き物は
すむことが
できなく
なったらしい。

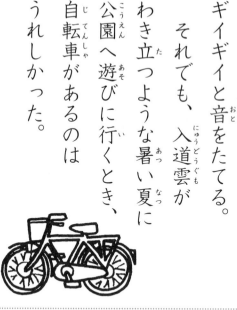

1 の文章を読んで、答えましょう。

(1) ひとしの自転車は、どんな音をたてますか。

(2) ひとしが、自転車があるのはうれしいと思うのは、どこへ遊びに行くときですか。

2 の文章を読んで、答えましょう。

(1) むかし、小川にいた生き物を三つ書きましょう。

(2) むかし、小川にいた生き物がすむことができなくなったのは、なぜですか。

こう水にならないように、
（　　　　）を
（　　　　）で
かためてしまったから。

物語

三文の文章を読み取ろう①

名前

1

日曜日の朝から
家族みんなで
自動車にのって
楽しみにしていた
かんこうぼく場に
行ってきました。

2

ぼく場に着くと
真っ先に羊を見に行って、
わたしは、
妹と弟と㋐三人で
えさやりの
体験をしました。

3

つぎに、ポニーの
ぼく場に行き、
ここでは、わたしと
弟は乗馬体験をしましたが、
妹は馬に乗るのを
こわがってできませんでした。

上の1〜3の文章を読んで、答えましょう。

1 ①いつ、②だれが、③どこに行きましたか。

① いつ
（　　　　　　）の朝から

② だれが

③ どこに

2 (1) 真っ先に何を見に行きましたか。一つに○をつけましょう。

（　）ヤギ　（　）ポニー　（　）羊

(2) ㋐三人とは、だれのことですか。

3 (1) 乗馬体験ができなかったのは、だれですか。

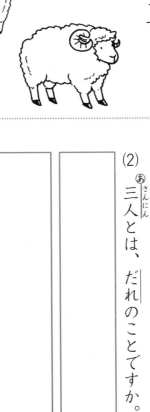

(2) 妹はなぜ乗馬体験ができなかったのですか。○をつけましょう。

馬に乗るのが
（　）こわかったから。
（　）きらいだったから。
（　）すきだったから。

物語 三文の文章を読み取ろう ②

名前

1

「セミは、成虫になってから一週間から一か月ぐらいしか生きられないから、セミの命は短いんだよ。」と、ゆみのおじさんは、言っていた。

2

セミは、よう虫のすがたで、約七年間も、土の中ですごすらしい。

3

多くのこん虫は、たまごから成虫になって、一年ほどで死んでしまうということを考えると、ゆみは、よう虫のすがたで、何年も生きているセミは、こん虫の中では長生きだと、思った。

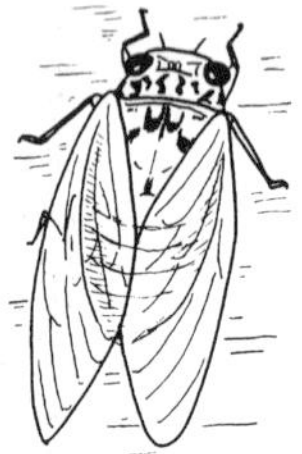

上の1〜3の文章を読んで、答えましょう。

1

(1) セミは、成虫になってから、どのぐらい生きますか。

（　　　）から
（　　　）ぐらい。

(2) おじさんは、セミの命について、何と言っていましたか。

セミの命は（　　　）んだよ。

2

セミは、①よう虫のすがたで、②どこですごしますか。

① 約何年間

約（　　　）間

② どこで

（　　　）

3

(1) 多くのこん虫は、何年ほどで死んでしまいますか。

（　　　）ほど

(2) ゆみは、セミについてどう思ったのですか。

こん虫の中では（　　　）だと思った。

物語

四文の文章を読み取ろう ①

名前

1

きのうのほうか後、
運動場で遊んでいるとき、
こう太くんが、急に
「㋐ぼく、こんどの日曜日に
引っこしするんだ。」
と言った。

2

㋑ぼくは、おどろいて、
「ええっ、本当なの…」
と言ったきり、
つぎの言葉が
出てこなかった。

3

「かず男と分かれるのは
いやなんだけど、
お父さんの仕事のつごうで
しかたがないんだ。」
と、こう太くんは
さみしそうに言った。

4

ぼくは、何をすればよいか
分からなくて、㋒考えたすえに
大事にしていたカードを
せんべつとして、
あげることにした。

※せんべつ…旅に出る人や別れる人におくる、お金や品物。

上の1～4の文章を読んで、答えましょう。

1 こう太くんは、①いつ、②何をすると言いましたか。

① いつ　こんどの（　　）

② 何を（　　）する

2 ㋐ぼくと㋑ぼくの名前を書きましょう。
（1と3の文章も読んで、答えましょう。）

㋐

㋑

3 こう太は、なぜ引っこしをするのですか。一つに○をつけましょう。

（　）かず男とはなれたいから。

（　）お父さんの仕事のつごうがあるから。

（　）いなかへ行って、くらすから。

4 ぼくは、㋒考えたすえに、何をあげることにしましたか。

（　　）にしていた（　　）

物語

四文の文章を読み取ろう ②

名前

1

きのうのあらしで、砂浜に、マンボウが打ち上げられているという話を聞いたので、しゅんは急いで砂浜へ出かけた。

2

砂浜には、全長が二メートルぐらいのマンボウが横たわっていて、魚はかせと言われている人が調べていた。

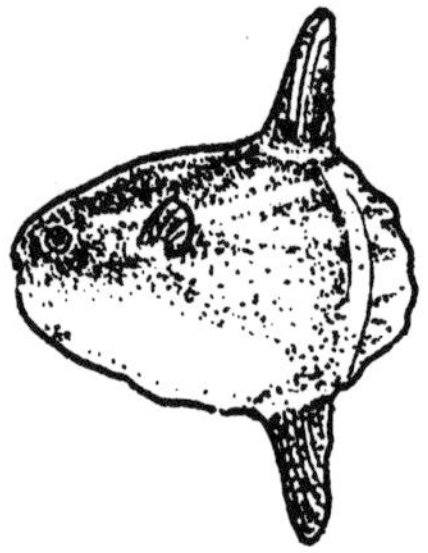

3

㋐その人の話によると、死んだマンボウはもう二十さいぐらいだろうということだった。

4

マンボウは、三億こ以上のたまごを産むが、その中で生きのこる子どもの数はわずかだから、このとしまで生きていたマンボウは、その中でも㋑運のいい方だということだった。

上の1～4の文章を読んで、答えましょう。

1 (1) マンボウが砂浜に打ち上げられたのは、なぜですか。

きのう（　　　　）だったから。

(2) しゅんが急いで砂浜へ出かけたのは、なぜですか。

砂浜に（　　　　）が（　　　　）という話を聞いたから。

2 砂浜に打ち上げられたマンボウの全長は何メートルぐらいですか。

（　　　　）

3 ㋐その人とは、何はかせと言われている人ですか。

□はかせと言われている人

4 ㋑このとしまで生きていたマンボウは、運のいい方だとありますが、なぜですか。

マンボウは（　　　　）以上のたまごを産むが、その中で（　　　　）子どもの数は（　　　　）だから。

物語

五文の文章を読み取ろう ①

名前

1

メジロが二羽
花のみつをすいに
にわのさくらの木に
やってきました。

2

メジロは、
あざやかな黄緑色の小鳥で、
目のまわりに
白いふちどりがあるから
この名前がつきました。

3

二羽のメジロは、
いそがしそうに花から花へと
とびうつりながら、
Ⓐむちゅうになって
みつをすっています。

4

ときどき、
さかさまに
ぶら下がって
みつをすうすがたが
とてもかわいいなと思います。

5

スマホのカメラで
写真をとろうと、そっと近づくと
パッと、とんでにげました。

上の1～5の文章を読んで、答えましょう。

1 メジロは、どこにやってきましたか。

2 なぜメジロというのですか。

（　　　　）のまわりに
（　　　　）が
あるから。

3 メジロは、Ⓐむちゅうになって、何をしていますか。○をつけましょう。

（　）みつをすっている。
（　）花から花へととびうつっている。

4 どんなすがたがかわいいのですか。

（　　　　）みつをすうすがた。

5 (1) 何で写真をとろうとしたのですか。

(2) メジロはどうしましたか。

パッと、
（　　　　）。

物語

五文の文章を読み取ろう ②

名前

1

公園に捨てられていた
おすねこを、
四年生の女の子が拾って
家につれて帰り、
「トラ」と名づけて、
かい始めました。

2

トラはすくすくと
大きく育ち、
そのあたりの
ねこのボスになりました。

3

トラは、毎日、
学校に向かう女の子と
いっしょに家を出て、
のっしのっしと
町の中を歩きます。

4

トラが町を歩くと、
みんなおそれをなして、
ねこだけでなく、犬までも、
トラをよけて歩きました。

5

そんなトラも、
夕方には家に帰り、
宿題をする女の子の
ひざの上でねるのでした。

上の1～5の文章を読んで、答えましょう。

1 (1) トラはどこに捨てられていましたか。

（　　　　　　）

(2) トラはだれに拾われましたか。

四年生の（　　　　　　）

2 トラは、どのように育ち、何になりましたか。

（　　　　）と（　　　　）育ち、そのあたりの（　　　　）になりました。

3 トラは、毎日、だれといっしょに家を出ますか。

（　　　　　　）

4 トラが町を歩くと、ねこや犬はどうしましたか。

ねこだけでなく、犬までも（　　　　　　）。

5 夕方、トラは、どこでねますか。

宿題をする（　　　　　　）

説明文（社会）

二文の文章を読み取ろう①

名前

1

わたしたちが毎日使っている水道水は、川、ダム、地下水など、さまざまなところから取り入れられています。

　それらの水は、浄水場でごみや体に悪いものなどをとりのぞき、安全できれいな水になって、わたしたちの家に送られてきます。

2

使われてよごれた水は、川や海などに直接流さないで、下水道を通って、下水処理場に集められます。

　下水処理場では、砂やごみなどのよごれをとりのぞき、消どくをして、きれいになった水を川や海などに流しています。

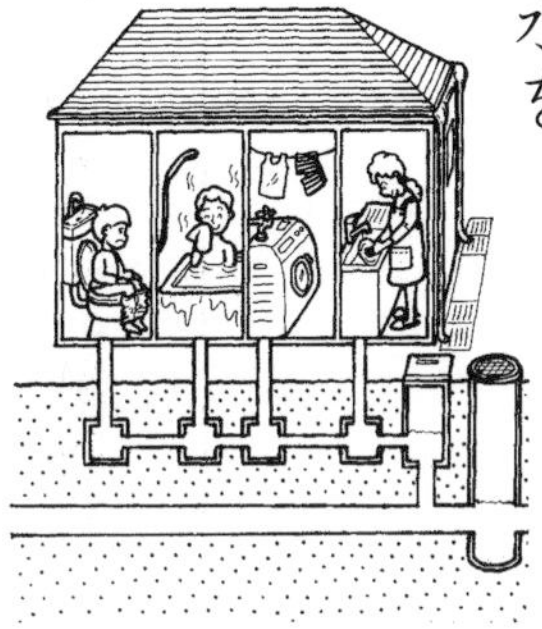

1 の文章を読んで、答えましょう。

(1) 水道水はどこから取り入れていますか。三つ書きましょう。

(2) 浄水場では、何を取りのぞいていますか。

(3) 浄水場でどんな水になって、家に送られてくるのですか。

（　　）で（　　）な水

2 の文章を読んで、答えましょう。

(1) 使われてよごれた水は、どこを通ってどこに集められますか。

（　　）を通って（　　）に集められます。

(2) 下水処理場では、何をしますか。

（　　）や（　　）などのよごれをとりのぞき、（　　）をする。

(3) きれいになった水をどうしますか。○をつけましょう。

（　）もういちど水道水として使う。

（　）川や海などに流す。

説明文（理科）

二文の文章を読み取ろう ②

名前

1

そうた君は、キャベツ畑で見つけたモンシロチョウのよう虫を、育てています。

どうして、よう虫がキャベツ畑にいたのかというと、モンシロチョウの親は、よう虫の食べ物であるキャベツの葉にたまごを産むからです。

2

モンシロチョウのよう虫は、どれも緑色の体をしていますが、緑色の体をしていると、何かつごうのよいことがあるのでしょうか。

それは、緑色という色は、よう虫がいるキャベツの葉の色と同じなので、よう虫をとらえて食べるアシナガバチや鳥などにとっては、見つけにくいということが考えられます。

1の文章を読んで、答えましょう。

(1) そうた君は、①どこで、②何を見つけて育てていますか。

① どこで

② 何を

(2) モンシロチョウのよう虫の食べ物は、何ですか。

(3) モンシロチョウの親はどこにたまごを産みますか。

2の文章を読んで、答えましょう。

(1) モンシロチョウのよう虫をとらえて食べる生き物を二つ書きましょう。

(2) よう虫の体の緑色は、何の色と同じなのですか。

よう虫がいる、（　　　　）の葉の色

(3) 上の文に当てはまるもの二つに○をつけましょう。

（　）よう虫の体の緑色は、ハチや鳥から身を守るのにつごうのよい色です。

（　）よう虫の体の緑色は、ハチや鳥がよう虫を見つけるのにつごうのよい色です。

（　）よう虫の体の色は、キャベツの葉の色と同じ緑色です。

説明文（社会） 三文の文章を読み取ろう①

名前

1

わたしのまちでは、ごみは「もえるごみ」「しげんごみ」「大がたごみ」「もえないごみ」の四種類に分別して出します。

2

もえるごみは、しゅう集車で集められ、清そう工場に運ばれてもやされ、もえないごみは、うめ立てられます。

3

ペットボトル、ガラスびん、アルミかんなどに分けて集められたしげんごみや、大がたごみは、リサイクルセンターに運ばれ、ほかのものに生まれ変わります。

上の1〜3の文章を読んで、答えましょう。

1 「もえるごみ」「もえないごみ」のほかに、どんな種類がありますか。二つ書きましょう。

2 「もえるごみ」「もえないごみ」は、どうされますか。――線で結びましょう。

① もえるごみ　・　　・うめたてられる。

② もえないごみ・　　・川にすてられる。

　　　　　　　　　　・もやされる。

3 (1) しげんごみはどのように集められますか。（　）に当てはまる言葉を[　]からえらんで書きましょう。

ペットボトル、（　　）、（　　）などに（　　）集められる。

[まとめて　分けて　アルミかん　ガラスびん]

(2) しげんごみや、大がたごみは、リサイクルセンターで何に生まれ変わりますか。

説明文（理科）

三文の文章を読み取ろう ②

名前

1

わたしたちが食べる
おにぎりには
よくノリが
まいてありますが、
このノリとは、いったい、
どういうものなのでしょうか。

2

このノリの正体は、
海の中の岩などに生えている
海草のひとつで、
それを加工して
うすい紙のような形に
したものが、
わたしたちが食べている
ノリなのです。

3

食用とされている海草には、
ノリのほかにもワカメや
コンブなどがあり、
ワカメはみそしるなどに、
コンブは、つくだにとして、
また、だしを
取るときにも
よく使われています。

上の1～3の文章を読んで、答えましょう。

1 おにぎりには、何がまいてありますか。

2 ノリの正体は何ですか。

海の中の岩などに生えている
（　　　　　）のひとつ。

3 (1) 食用とされている海草を文中からさがして三つ書きましょう。

(2) 正しい方に○をつけましょう。

（　）ノリは、海草ではない。

（　）ノリは、海草のひとつである。

1～3の文章全体を読んで、1・2・3で答えましょう。

(1) 読む人に問いかけている（たずねている）文章は1～3のどの文章ですか。

(2) 問いかけに答えている文章は、1～3のどの文章ですか。

説明文（理科）

三文の文章を読み取ろう③

名前

1

多くの植物は、自分のなかまを残すために、できるだけ広く種をまきちらします。

2

たとえば、タンポポやヒメジョオンなどは、風を利用してずいぶん遠くまで種を飛ばしています。

3

また、ホウセンカやカタバミなどの実は、じゅくすとはじけて、実の中にあった種がはじけ飛んでちらばるようになっています。

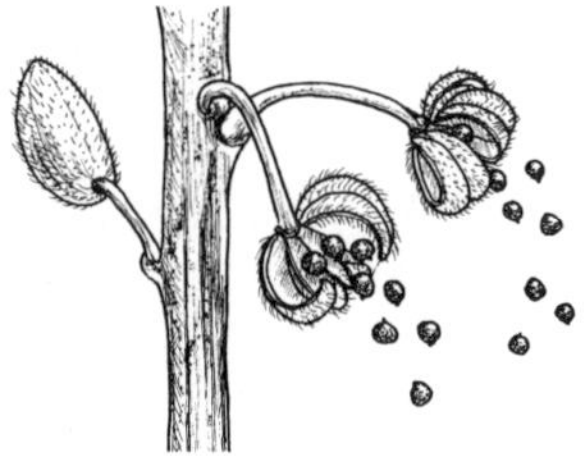

上の1～3の文章を読んで、答えましょう。

1 (1) 多くの植物が、できるだけ広く種をまきちらすのは、何のためですか。

自分の［　　　　］を残すため。

(2) 1の文の①主語と②述語を書きましょう。

① 主語 （　　　　）は

② 述語 ［　　　　］

2 風を利用して種を飛ばす植物を、文中からさがして二つ書きましょう。

［　　　　］［　　　　］

3 実がはじけて種を飛ばしている植物を、二つ書きましょう。

［　　　　］［　　　　］

説明文（社会）

四文の文章を読み取ろう①

名前

1

日本の各地で、大雨、大雪、地しん、ぼう風、高潮や津波、火山ふん火などさまざまな自然さい害が起こり、大きな被害をもたらすことがあります。

2

日本は、地しんが特に多く発生する国で、東日本大しんさいのような大きな地しんが起こったことがあります。

3

風水害も多く、台風によるぼう風で、物がたおれたりふきとばされ、大雨でこう水や土砂くずれが起こることもあります。

4

自然さい害にそなえて、ハザードマップを作る、ひなん訓練をする、水や食料をびちくするなどさまざまな取り組みがされています。

※びちく（備蓄）…万一にそなえて、たくわえておくこと。
＊「日本」は「にほん」とも読みます。

上の1～4の文章を読んで、答えましょう。

1 大雨、大雪、高潮や津波以外の日本の各地で起こる自然さい害を三つ書きましょう。

2 日本で起こった大きな地しんを文中からさがして書きましょう。

3 ぼう風や大雨でどんな被害がありますか。――線で結びましょう。

ぼう風 ・　　・よう岩がながれ出る。
大雨 ・　　・こう水や土砂くずれ
　　　　　　・物がふきとばされる。

4 自然さい害にそなえてされる取り組み三つに○をつけましょう。

（　）ひなん訓練をする。
（　）横だん歩道をつくる。
（　）ハザードマップを作る。
（　）まどを開けて空気を入れかえる。
（　）水や食料をびちくする。

説明文（理科） 四文の文章を読み取ろう ②

名前

1

トライアングルを
ぼうでたたくと、
チーンという音が鳴ります。

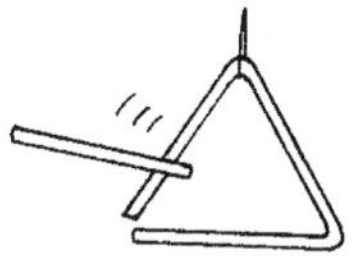

2

そして、音が出ている
トライアングルを
手でさわると、
㋐ビリビリした感じが
伝わってきます。

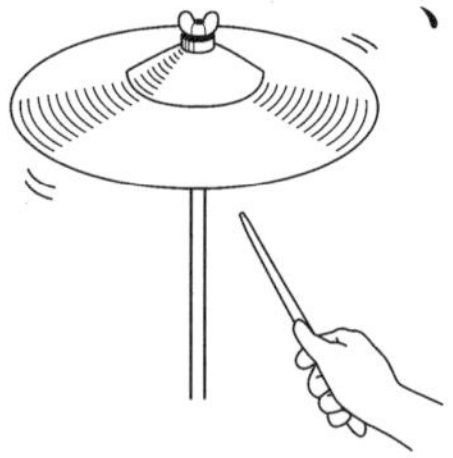

3

また、シンバルをたたくと、
ジャーンという音が出ますが、
鳴っているシンバルに
そっと手を当てると、
同じように、
シンバルの
ビリビリした
ふるえが感じとれます。

4

このように、
音が出ているときには、
そのものが細かく速くふるえて
いるのであり、
この速いふるえが、
耳には音として
聞こえているのです。

上の1～4の文章を読んで、答えましょう。

1 トライアングルをぼうでたたくと、どんな音が鳴りますか。

（　　　　）という音が鳴ります。

2 音が出ているトライアングルを手でさわると、どんな感じが伝わってきますか。

（　　　　）した感じ。

3 (1) シンバルの㋐ビリビリした何が感じとれますか。

□□□

(2) 鳴っているシンバルに手を当てると、どんなことがたしかめられますか。

（　　　　）が出ているとき、（　　　　）がふるえていること。

4 耳に音として聞こえるものは何ですか。○をつけましょう。

（　）おそいふるえ

（　）速いふるえ

説明文（理科）　四文の文章を読み取ろう ③

名前

1

ツバメは、秋から冬の間は、マレーシアなど南のあたたかい国でくらしていますが、春になると、たまごをうみ、子どもを育てるために、あ日本にやってくるわたり鳥です。

2

い今年の春も、ひろし君の家には、ツバメがやってきて、のきの下に、どろやかれ草を運んできて巣を作りました。

3

それから、しばらくたったある日、ひろし君が学校から帰ってくると、のきの方から「うチーチー」という声が聞こえたので、見上げると、たまごからかえったひなが、巣の中で口を開けて鳴いています。

4

しばらく見ていると、え親鳥が飛んできて、つかまえてきたイトトンボかカゲロウのようなえさとなる虫を、口うつしでひなに食べさせ、またどこかへ飛んでいきました。

＊「日本」は「にほん」とも読みます。

上の1～4の文章を読んで、答えましょう。

1 (1) ツバメは、秋から冬の間は、どこでくらしていますか。

マレーシアなど（　　　）

(2) ツバメは何をするためにあ日本にやってくるのですか。

（　　　）をうみ
（　　　）を育てるため。

2 (1) い今年の春もという言葉から、ツバメについて分かることに○をつけましょう。

（　）ツバメがひろし君の家にやってきたのは、今年が初めてだということ。

（　）ツバメはこれまでもひろし君の家にやってきたことがあるということ。

(2) ツバメが巣を作るときに使うものを二つ書きましょう。

3 うチーチーという声は、何の声ですか。

たまごからかえった（　　　）が鳴いている声。

4 え親鳥が飛んできて、とありますが、何をするために飛んできたのですか。

えさとなる□を、□に食べさせるため。

説明文（社会）五文の文章を読み取ろう①

名前

1 みなさんの都道府県には、たて物など形のある古いもの、祭りや芸のうなど形のない古いものがたくさん残されています。

2 形のある古いものとしては、城、寺や神社、昔の家などのたて物や、㋐石でつくられた道しるべ、お地ぞうさん、記ねんひなどがあります。

3 日本の各地には、古くから続いている祭りがあり、京都のぎおん祭り、青森のねぶた祭りなど有名な祭りもあります。

4 地いきに古くから伝わるきょう土芸のうもいろいろで、人形しばい、かぶき、ししまい、鹿おどりなどがあります。

5 年中行事も、古くから伝えられてきたもので初もうで、せつ分、ひな祭りなど、よく知られているものもたくさんあります。

＊「日本」は「にほん」とも読みます。

上の1～5の文章を読んで、答えましょう。

1 どんなものが残されていますか。二つ書きましょう。

① たて物など（　　）もの。

② 祭りや芸のうなど（　　）もの。

2 ㋐石でつくられた古いものを、三つ書きましょう。

3 古くから続いている祭りに○をつけましょう。

（　）テレビ祭り　（　）ぎおん祭り

4 地いきに伝わるきょう土芸のうを四つ書きましょう。

① 人形

②

③

④ 鹿

5 古くから伝えられてきた年中行事二つに○をつけましょう。

（　）オリンピック　（　）せつ分

（　）初もうで　（　）運動会

説明文（理科）
五文の文章を読み取ろう②

名前

1 ドングリは、秋、公園や神社などの木の下に、たくさん落ちています。

2 ドングリをよく見ると、大きさも形もさまざまで、大きいものや小さいもの、また形も丸いもの細長いものがあります。

3 では、このようなドングリの実ができる「ドングリ」という名前の木があるのでしょうか。

4 じつは、ドングリというのは、カシやシイ、クヌギなどにできる木の実のことであり、木によって、できるドングリの大きさや形もちがうのです。

5 つまり、このような木にできる丸い実のことを、すべてドングリとよんでいるのであり、㋐「ドングリ」という名前の木があるわけではないのです。

上の1～5の文章を読んで、答えましょう。

1 ドングリは、①いつ、②どんなところにたくさん落ちていますか。

① いつ

② どんなところ

神社や公園などの（　　　）

2 ドングリをよく見ると、どんなことが分かりますか。

（　　　）も（　　　）もさまざまなこと。

3 問いかけているのは、どんなことですか。

「（　　　）」という（　　　）の（　　　）があるのでしょうか。

4 ドングリは、何という木にできる木の実のことですか。三つ書きましょう。

5 ㋐「ドングリ」という名前の木があるわけではないのですとありますが、どんな意味ですか。○をつけましょう。

（　）「ドングリ」という名前の木がある。

（　）「ドングリ」という名前の木はない。

上の1～5の文章全体を読んで、当てはまるもの二つに○をつけましょう。

（　）ドングリは、どれも、大きさや形は同じだ。

（　）ドングリは、できる木によって、大きさや形がちがう。

（　）クヌギの木にできる実も「ドングリ」とよばれる。

説明文（理科）

五文の文章を読み取ろう ③

名前

1

くらしの中にあるものには、くぎやクリップのように、じしゃくに引きつけられるものと、㋐そうでないものとがあり、じしゃくに引きつけられるのは、どれも鉄という金ぞくでできているものです。

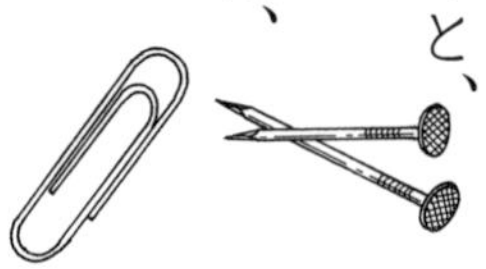

2

金ぞくには、鉄だけでなくいろいろなものがあり、たとえば、一円玉やアルミはくは、アルミニウムという金ぞくで、十円玉やビニル導線の中の細い線は、銅という金ぞくでできています。

3

どちらも㋑鉄ではないので、それらでできたものは、もちろん じしゃくに引きつけられません。

4

また、空きかんに、じしゃくを近づけてみると、じしゃくに引きつけられるかんと、引きつけられないかんとがありますが、引きつけられたのは鉄でできたかん、そうでないのは、アルミニウムかんだったとわかります。

5

このように、表面に色が付いているものでも、じしゃくを使うと、それが鉄でできたものか、そうでないものなのかを見分けることができるのです。

上の1～5の文章を読んで、答えましょう。

1 ㋐そうでないものとは、どのようなものですか。○をつけましょう。

（　）じしゃくに、引きつけられないもの。

（　）じしゃくに、引きつけられるもの。

2 次の金ぞくでできているものを、文中から書き出しましょう。

① アルミニウム

（　　　）・（　　　）

② 銅

（　　　）・ビニル導線の中の細い線

3 ㋑鉄ではないものでできたものは、じしゃくに引きつけられますか。○をつけましょう。

（　）引きつけられます。

（　）引きつけられません。

4 じしゃくに引きつけられたかんは、何でできたかんですか。一つに○をつけましょう。

（　）銅　（　）鉄　（　）アルミニウム

5 じしゃくと金ぞくや鉄について、当てはまるもの二つに○をつけましょう。

（　）じしゃくは、鉄でできたものを引きつけます。

（　）じしゃくは金ぞくでできたものをすべて引きつけます。

（　）鉄でできたものは、じしゃくに引きつけられません。

（　）鉄でできていないものは、じしゃくに引きつけられません。

物語

友情のかべ新聞 ①

名前

ある日ぼくは、東君と西君が作ったかべ新聞のはしから、けいじ板のシートに青いよごれが付いているのを見つけた。

1

土曜日、日曜日と、雨の日が続いた。

そして今日、月曜日も雨。昼休み、(あ)外で遊べないぼくたちは、どうしても室内でさわいでしまう。

2

そんな中、ぼくは思い切って、教室のすみで、二人に分かったことを伝えた。

すると二人は、

(い)うなだれて、それでもどこかほっとした顔で言った。

「金曜日に相談して、あやまりに行こうって決めたんだ。それで、今から(う)職員室に行くところなんだ。」

そうか、よかった。

3

そのとき、教室の後ろの方で、だれかが「たいくつだなあ。」と、大きくうでを広げて、のびをした。その手が、近くにいた女の子をおした。女の子はふらつき、かべ新聞に手をつく。

ビリリリリ。

(え)はでな音を立てて、やぶれるかべ新聞。

そして、(お)やぶれたかべ新聞の向こうから、緑のシートの上を走る青い線があらわれた。

（令和六年度版　光村図書　国語　四年下　はばたき　はやみね　かおる）

上の1～3の文章を読んで、答えましょう。

1

(1) 今日はどんな天気ですか。一つに○をつけましょう。

（　）晴れ

（　）くもり

（　）雨

(2) 昼休み、(あ)外で遊べないぼくたちは、どうしてしまいますか。

室内で（　　　　）。

2

(1) (い)うなだれてとは、どんな様子を表していますか。○をつけましょう。

（　）自信をもってうなずく様子。

（　）元気をなくして下を向く様子。

(2) 二人が(う)職員室に行くのは、何をするためですか。○をつけましょう。

（　）質問するため。

（　）あやまるため。

3

(1) (え)はでな音とは、どんな音ですか。

(2) (お)やぶれたかべ新聞の向こうから、何があらわれましたか。

（　　　　）の上を走る（　　　　）

物語

友情のかべ新聞②

名前

1

「つまり、東君と西君は、青の油性ペンで、けいじ板をよごしてしまったんだね。」
中井先生にきかれ
(あ)二人はうなずく。

2

ここからは、ぼくの(い)すいりだ。
記事を書き終わり、青が好きな東君が、青い油性ペンで新聞をふち取ろうとする。それを、赤が好きな西君がいやがって、止めようとする。
もみ合う二人。手に持っていた油性ペンがけいじ板に当たって、シートにインクが付く。インクは、ぞうきんでふくだけでは落ちない。

3

(う)最近の二人はしかられ続けている。それなのに、けいじ板をよごしたのが知られたら、またどれだけしかられることか。
「正直にあやまろう。」
どちらかがそう言っても、(え)相手はさんせいしない。相手の意見に反対するのが、くせになっているからだ。

4

どっちが悪いか言い争っているとき、見回りの先生の足音が聞こえたりしたら——。
二人は、(お)とっさにかべ新聞でよごれをかくしてしまった。
あせっていたから、ほんの少しだけ、新聞のはしからインクが見えてしまっていることに(か)気づかなかった。

(令和六年度版　光村図書　国語　四年下　はばたき　はやみね　かおる)

上の1～4の文章を読んで、答えましょう。

1 (あ)二人とは、だれとだれのことですか。

（　　　　）と（　　　　）

2 (1) (い)すいりとはどんな意味ですか。○をつけましょう。

（　）わかっていることをもとに、わかっていないことを考えること。

（　）お話を読んで感想をまとめること。

(2) 青が好きな人と赤が好きな人をそれぞれ東君か西君で答えましょう。

① 青が好き

② 赤が好き

3 (1) (う)最近の二人の様子を書きましょう。

(2) (え)相手はさんせいしないのは、なぜですか。

相手の意見に（　　　　）のが、（　　　　）になっているから。

4 (1) (お)とっさとは、どんな意味ですか。○をつけましょう。

（　）長い時間。ゆっくりと。

（　）短い時間。あっという間。

(2) (か)二人は、どんなことに気づかなかったのですか。

ほんの少しだけ、（　　　　）から（　　　　）こと。

物語

友情のかべ新聞 ③

名前

1

そして、よごれをかくした二人には、㋐新しく心配なことができた。

相手が、先生に言ってしまうのではないかと思ったのだ。

それも、「自分は悪くありません。全部、相手が悪いんです。」というように。

2

だから、おたがいから目をはなせなくなり、いつもいっしょにいるようになった。

㋑その間、二人は油性ペンをさわりたくなかった。

また、後ろめたさでしょくよくがなくなり、プリンを取り合わなかった。

3

その後——。

いっしょにいるうちに、相手がどんなやつか分かってきた。

㋒不思議なことに、二人でいるのが楽しくなってきた。無理に仲よくなろうとしたんじゃない。相手のことを知るうちに、

「なんだ、そんなにいやなやつじゃないじゃないか。」

㋓そう思えてきたのだ。

そして、それで十分だった。

（令和六年度版　光村図書　国語　四年下　はばたき　はやみね　かおる）

上の1～3の文章を読んで、答えましょう。

1 ㋐心配なこととは、どんなことですか。文中から書き出しましょう。

相手が、（　　）に（　　）と思ったのだ。それも「（　　）。全部、（　　）。」というように。

2 (1) ㋑その間とは、どんなことになった間ですか。

（　　）から目をはなせなくなり、（　　）ようになった間。

(2) ㋑その間の二人の様子、二つに○をつけましょう。

（　）油性ペンをさわりたくない。

（　）しょくよくがある。

（　）プリンを取り合わない。

3 (1) ㋒不思議なこととは、どんなことですか。

（　　）でいるのが（　　）なってきたこと。

(2) ㋓そう思えてきたとありますが、どのように思えてきたのですか。

「なんだ、そんなに（　　）じゃないか。」

物語
友情のかべ新聞④

名前

1

先生が、二人にきく。

「どうしてけいじ板がよごれたのかな。」

東君が答える。

「悪いのは、ぼくです。ぼくの持っていた(あ)油性ペンが当たったんです。」

2

西君も答える。

「悪いのは、(い)ぼくです。ぼくが東君を(う)おしたから、油性ペンが当たったんです。」

「君たちは、本当に仲が――。」

聞いていた先生は、そこまで言って、うれしそうにほほえんだ。

3

放課後、(え)二人は、けいじ板のよごれを落とす先生を手伝った。

そして、きれいになったけいじ板の上に、セロハンテープで直した(お)かべ新聞をはった。

青と赤の二重のふち取りが、ぐるっと一周しているかべ新聞だ。

4

そんな二人を見て、中井先生が、(か)とくいそうに言った。

「先生の作戦は、大成功だな。」

クラスのみんなは、なんとも言えない顔で、それでもなんだかうれしくて、(き)大きくうなずいた。

ぼくは考える。

今度、二人がかべ新聞を作ったら、いったいどんなものになるのだろうって。


（令和六年度版　光村図書　国語　四年下　はばたき　はやみね　かおる）

上の1～4の文章を読んで、答えましょう。

1
(1) (あ)油性ペンを持っていたのはだれですか。○をつけましょう。
（　）東君　（　）西君
(2) (あ)油性ペンは、何に当たりましたか。

2
(1) (い)ぼくはだれのことですか。○をつけましょう。
（　）東君　（　）西君
(2) だれがだれを、(う)おしたのですか。東君か西君で答えましょう。
（　　）が（　　）をおした。

3
(1) (え)二人とは、だれとだれのことですか。
（　　）と（　　）
(2) (お)かべ新聞は、どんなかべ新聞ですか。
（　　）と（　　）の二重のふち取りが、（　　）しているかべ新聞。

4
(1) (か)とくいそうとは、どんな様子ですか。○をつけましょう。
（　）うまくできて、自信がある様子。

（　）失敗して、はずかしそうな様子。
(2) (き)大きくうなずいたのは、だれですか。

物語

スワンレイクのほとりで ①

名前

歌は、夏休みにお父さんと二人で、アメリカに遊びに行った。お父さんの妹の真琴さんとその夫のジョージさんがくらす家にとめてもらい、そこで、歌と同じくらいの年の男の子、グレンと出会った。グレンは車いすに乗っていた。

1

――(あ)こんにちは、グレン。わたしの名前は、歌です。わたしはあなたに会えて、とてもうれしいです。

(い)グレンは、わたしの顔を見つめたまま、だまっている。

2

あれっ、わたしの英語、通じなかったのかな。もう一度、最初から言い直したほうがいいのかな。

(う)言い直そうとしたそのとき、グレンがにっこり笑った。

――(え)こんにちは、ウタ。ぼくも、君に会えて、すごくうれしいよ。

言いながら、ひざの上に置いていた手をすっと、わたしの方へ差し出している。

3

思わず、ぎゅっと、グレンの手をにぎりしめた。アメリカでは、初めて会った人とは、あくしゅをする。これも、(お)お父さんから教えてもらっていた。

あいさつは、(か)うまくできたものの、でもそのあとに、何を話したらいいのか、さっぱり分からなくて、今度はわたしがだまってしまった。

（令和六年度版　光村図書　国語　四年下　はばたき　小手鞠　るい）

上の1〜3の文章を読んで、答えましょう。

1

(1) わたしの名前を書きましょう。

(2) わたしは(あ)の言葉を、日本語か英語、どちらで言いましたか。○をつけましょう。（2の文章も読んで答えましょう。）

（　）日本語　（　）英語

(3) (あ)のことばを聞いた(い)グレンのようすを書きましょう。

（　　　）を見つめたまま、（　　　）。

2

(1) (う)言い直そうとしたのは、だれですか。

(2) グレンは(え)の言葉を言いながら、どうしましたか。○をつけましょう。

（　）手をひざの上に置いた。

（　）手をわたしの方へ差し出した。

3

(1) (お)お父さんから教えてもらっていたことは、どんなことですか。

アメリカでは、（　　　）とは、（　　　）をする。

(2) 何が(か)うまくできたのですか。

物語

スワンレイクのほとりで ②

名前

1

するとグレンは、ほほえみをうかべたまま、言った。

問いかけているようにも聞こえた。

——(あ)ねえ、ウタ。ぼくといっしょに……へ行こうよ。

どこかへ行こうと、さそってくれている。でも、それがどこなのか、分からない。

近くにいた真琴さんが助けてくれた。

「(い)グレンはね、歌ちゃんといっしょに、野菜畑へ行きたいみたいよ。よかったら、行っておいで。」

2

ジョージさんと真琴さんが野菜を育てている畑。わたしはまだ、中へ入ったことはなかった。

「うん、行ってくる。」

(う)二人で、野菜畑へと向かった。

グレンはきっと、何度か行ったことがあるのだろう。わたしは、グレンの後ろからついていく。

3

ひまわりにかこまれた、野菜畑に着いた。

あちこちに、いろんな野菜が植えられている。にぎやかに、(え)みんなでおしゃべりしているみたい。

よく知っている
野菜もあれば、
日本では
見かけたことのない
野菜もある。

＊「日本」は「にほん」とも読みます。

（令和六年度版　光村図書　国語　四年下　はばたき　小手鞠　るい）

上の1～3の文章を読んで、答えましょう。

1

(1) グレンは、(あ)の言葉を日本語か英語のどちらで言いましたか。○をつけましょう。

（　）日本語　（　）英語

(2) (い)グレンは、①だれといっしょに、②どこへ行きたいのですか。

① だれと

② どこへ

2

(1) 歌は、野菜畑の中へ入ったことがありましたか。○をつけましょう。

（　）何度か中へ入ったことがある。

（　）まだ、中へ入ったことはなかった。

(2) (う)二人とは、だれとだれのことですか。

□と□

3

(1) (え)みんなとは、だれ（何）のことですか。○をつけましょう。

（　）グレンと歌とジョージさん

（　）いろんな野菜

(2) 野菜畑には、どんな野菜がありましたか。

（　　　　）野菜もあれば、日本では（　　　　）野菜もある。

物語

スワンレイクのほとりで ③

名前

[1]

野菜畑をひと回りしたあと、湖のほとりにならんで、湖面のすいれんをながめた。白とピンクの花も、緑の葉っぱも、きらきら、かがやいている。

[2]

ふいに、グレンがこう言った。

㋐ーウタ、君の名前には、どんな意味があるの。

わたしは答えた。(あ)むねをはって。

㋑ー「歌」は(い)「ソング」だよ。

すると、グレンはこう言ったのだった。まぶしそうに、目を細めて。

㋒ーなんて美しい名前なんだろう。

美しい名前、と言われて、むねがくすぐったくなった。急に自分の名前が好きになった。

[3]

向こう岸から空に向かって、白鳥が二羽、仲よくよりそって、飛び立っていくのが見えた。わたしは、白い鳥たちを指さしながら、言った。

㋓ーあれは、(う)白鳥。英語では、スワン、だよね。

グレンは、(え)目の前の湖を指さしながら、言った。

㋔ーこれは、スワンレイク。鳥たちは今、空を泳いでいるけど。

二人、顔を見合わせて、笑った。

（令和六年度版　光村図書　国語　四年下　はばたき　小手鞠　るい）

上の[1]〜[3]の文章を読んで、答えましょう。

[1] どこにならんで、すいれんをながめましたか。

[2]

(1) ㋐㋑㋒の言葉はだれが言った言葉ですか。歌かグレンで答えましょう。

㋐

㋑

㋒

(2) (あ)むねをはってとは、どんな意味ですか。○をつけましょう。

（　）自信がある様子。

（　）不安そうな様子。

(3) (い)ソングという言葉は、英語か日本語のどちらですか。○をつけましょう。

（　）日本語　（　）英語

(4) 歌（ソング）という名前を、グレンはどんな名前だと言いましたか。

なんて（　　　）なんだろう。

[3]

(1) ㋓㋔の言葉はだれが言った言葉ですか。歌かグレンで答えましょう。

㋓

㋔

(2) (う)白鳥は英語では何といいますか。

(3) (え)目の前の湖は、何という湖ですか。

スワンレイクのほとりで ④

物語

名前

1

あのまぶしい夏の午後、
グレンに出会ってから、わたしは、
もっともっと英語の勉強をして、
いろんなことをグレンと話して
みたい、と思うようになっている。

2

㋐わたしたちの心の中には、
野菜畑の思い出がある。
いっしょにながめた
スワンレイクの景色も。
今は、遠くはなれた場所で
くらしているけれど、
わたしたちは、友達。
㋑この気持ちをいつか、
グレンに伝えられたらいいな。

3

げんこう用紙のそばから、
えんぴつを取り上げると、
㋒ぎゅっと、力をこめてにぎった。
あの日、グレンの手を
にぎったときのように。

（令和六年度版　光村図書　国語　四年下　はばたき　小手鞠るい）

上の1〜3の文章を読んで、答えましょう。

1 グレンに出会ってから、わたしは、どんなことを思うようになっていますか。

もっともっと
（　　　　）をして、
いろんなことをグレンと
（　　　　）、
と思うようになっている。

2 (1) ㋐わたしたちの心の中にあるものを、二つ答えましょう。

① （　　　　）の思い出

② いっしょにながめた
（　　　　）の景色

(2) ㋑この気持ちとは、どんな気持ちですか。

今は、
（　　　　）で
くらしているけれど、わたしたちは、
（　　　　）。という気持ち。

3 ㋒何をぎゅっと、力をこめてにぎったのですか。○をつけましょう。

（　）えんぴつ
（　）グレンの手

物語

手ぶくろを買いに ①

名前

1 寒い冬が、北方から、きつねの親子のすんでいる森へもやって来ました。

2 ある朝、ほらあなから、子どものきつねが出ようとしましたが、
「あっ。」

とさけんで、目をおさえながら、母さんぎつねの所へ転げてきました。

「母ちゃん、目に何かささった。ぬいてちょうだい。早く、早く。」

と言いました。

3 母さんぎつねがびっくりして、あわてふためきながら、目をおさえている(あ)子どもの手を、おそるおそる取りのけてみましたが、何もささってはいませんでした。母さんぎつねは、ほらあなの入り口から外へ出て、初めてわけが分かりました。

4 昨夜のうちに、真っ白な雪が、どっさりふったのです。その雪の上からお日様がきらきらと照らしていたので、雪は、まぶしいほどはんしゃしていたのです。(い)雪を知らなかった子どものきつねは、あまり強いはんしゃを受けたので、目に(う)何かささったと思ったのでした。

（令和六年度版　光村図書　国語　四年下　はばたき　新美南吉）

上の1〜4の文章を読んで、答えましょう。

1 何が、きつねの親子のすんでいる森へもやって来ましたか。

2 子どものきつねは、母さんぎつねの所へ転げてきて、何と言いましたか。

「母ちゃん、

（　　　　）

ぬいてちょうだい。早く、早く。」

3 (1) 母さんぎつねは、(あ)子どもの手をどのように取りのけてみましたか。

取りのけてみました。

(2) 子どものきつねの目は、どうなっていましたか。○をつけましょう。

（　）何もささってはいなかった。

（　）とげがささっていた。

4 (1) 昨夜のうちに、何がどっさりふりましたか。

(2) (い)雪を知らなかったのはだれですか。○をつけましょう。

（　）母さんぎつね
（　）子どものきつね

(3) 子どものきつねは、なぜ目に(う)何かささったと思ったのですか。

あまり（　　　　）を受けたので。

物語

手ぶくろを買いに ②

名前

1

子どものきつねは、遊びに行きました。

まわたのように
やわらかい(あ)雪の上を
かけ回ると、雪の粉が、
しぶきのように飛び散って、小さい
にじが、すっとうつるのでした。

2

すると、とつぜん、後ろで、
ドタドタ、ザーッと、
ものすごい音がして、
パン粉のような粉雪が、
ふわあっと子ぎつねに
おっかぶさってきました。
子ぎつねはびっくりして、
雪の中に転がるようにして
十メートルも向こうへ(い)にげました。

3

なんだろうと思って、
ふり返ってみましたが、
何もいませんでした。それは、
もみのえだから、雪が
(う)なだれ落ちたのでした。
まだ、えだとえだの間から、
(え)白いきぬ糸のように
雪がこぼれていました。

※もみ…松の仲間の木。
※なだれ…たくさんの雪が、一度にくずれ落ちること。

(令和六年度版　光村図書　国語　四年下　はばたき　新美　南吉)

上の1〜3の文章を読んで、答えましょう。

1 どんな(あ)雪ですか。

[　　　　]のようにやわらかい雪。

2 (1) とつぜん、後ろで、どんな音がしましたか。

[　　　　]、[　　　　]と、ものすごい音。

(2) 子ぎつねはびっくりして、どのくらい向こうへ(い)にげましたか。

雪の中に転がるようにして
（　　　　）も
向こうへにげました。

3 (1) ふり返ってみると、何がいましたか。○をつけましょう。

（　）母さんぎつねがいた。
（　）何もいなかった。

(2) どこから、雪が(う)なだれ落ちたのですか。

[　　　　]

(3) (え)白いきぬ糸のように雪がこぼれて とは、どんな様子をあらわしていますか。○をつけましょう。

（　）雪が、長く続けて少しずつこぼれている様子。
（　）雪が、大きなかたまりで、一度にたくさんこぼれている様子。

物語

手ぶくろを買いに③

名前

[1]

まもなく、ほらあなへ帰ってきた
子ぎつねは、
「お母ちゃん、お手々が冷たい、
お手々がちんちんする。」
と言って、ぬれて
ぼたん色になった両手を、
母さんぎつねの前に
差し出しました。

[2]

母さんぎつねは、
その手に、はあっと
息を(ふきかけて)ふっかけて、
ぬくとい(あたたかい)母さんの手で、
やんわり包んでやりながら、
「もうすぐ、温かくなるよ。
雪をさわると、すぐ温かく
なるもんだよ。」
と言いましたが、
かわいいぼうやの手に
しも焼けができては
㋐かわいそうだから、
夜になったら、町まで行って、
ぼうやのお手々に合うような
毛糸の手ぶくろを
㋑買ってやろうと思いました。

※ぼたん色…むらさきがかった、こいピンク色。

(令和六年度版　光村図書　国語　四年下　はばたき　新美　南吉)

上の[1]・[2]の文章を読んで、答えましょう。

[1] (1) ほらあなへ帰ってきた子ぎつねは、母さんぎつねに何と言いましたか。

「お母ちゃん、お手々が(　　　　)、
お手々が(　　　　)する。」

(2) 子ぎつねの両手は、ぬれて何色になっていましたか。

(　　　　)色

[2] (1) 母さんぎつねは、子ぎつねの手に、どうしてやりましたか。

(　　　　)と息を(ふきかけて)ふっかけて、
(　　　　)母さんの手で、
(　　　　)包んでやりました。

(2) ①だれの手に、②何ができることが㋐かわいそうなのですか。

① だれの手に

(　　　　)の手に

② 何ができること

(　　　　)ができること。

(3) 母さんぎつねは、夜になったら、町まで行って、何を㋑買ってやろうと思いましたか。

(　　　　)に合う
ような毛糸の(　　　　)を
買ってやろうと思いました。

物語

手ぶくろを買いに ④

名前

1

暗い暗い夜が、ふろしきのようなかげを広げて、野原や森を包みにやって来ましたが、雪はあまり白いので、包んでも包んでも、白くうかび上がっていました。

2

親子の銀ぎつねは、ほらあなから出ました。

子どものほうは、お母さんのおなかの下へ㋐入りこんで、そこから真ん丸な目をぱちぱちさせながら、あっちやこっちを見ながら歩いていきました。

3

やがて、行く手に、ぽっつり、明かりが一つ、見え始めました。㋑それを子どものきつねが見つけて、

「母ちゃん、お星様は、あんな低い所にも㋒落ちてるのねえ。」

とききました。

「あれは、お星様じゃないのよ。」

と言って、そのとき、母さんぎつねの足は、すくんでしまいました。

Ⓐ「あれは、町の灯なんだよ。」

※すくむ…おそれやおどろきなどで、体が自由に動かなくなったり、ちぢこまったりする様子。

（令和六年度版　光村図書　国語　四年下　はばたき　新美　南吉）

上の1～3の文章を読んで、答えましょう。

1

(1) 暗い暗い夜は、何のようなかげを広げましたか。

（　　　　）のようなかげ。

(2) 包んでも包んでも、白くうかび上がっていたものは何ですか。

［　　　　］

2

(1) だれが、ほらあなから出ましたか。

親子の（　　　　）

(2) 子どものきつねは、どこの下へ㋐入りこみましたか。

［　　　　］

3

(1) ㋑それは、何を指していますか。

［　　　　］が一つ

(2) 子どものきつねは、何が㋒落ちてると思いましたか。

［　　　　］

(3) Ⓐの言葉を言ったのは、だれですか。○をつけましょう。

（　）母さんぎつね

（　）子どものきつね

物語
手ぶくろを買いに ⑤

名前

1

その町の灯を見たとき、母さんぎつねは、あるとき町へお友達と出かけていって、とんだめにあったことを思い出しました。

2

およしなさいって言うのも聞かないで、お友達のきつねが、ある家のあひるを㋐ぬすもうとしたので、お百姓さんに見つかって、さんざ追いまくられて、㋑命からがらにげたことでした。

3

「母ちゃん、何してんの。早く行こうよ。」

と、子どものきつねがおなかの下から言うのでしたが、母さんぎつねは、どうしても足が進まないのでした。

そこで、しかたがないので、ぼうやだけを一人で町まで行かせることになりました。

(令和六年度版　光村図書　国語　四年下　はばたき　新美　南吉)

上の1～3の文章を読んで、答えましょう。

1 その町の灯を見たとき、母さんぎつねは、どんなことを思い出しましたか。

あるとき町へ（　　　　）と出かけていって、
（　　　　　　　　）こと。

2 (1) お友達のきつねは、何を㋐ぬすもうとしましたか。

ある家の（　　　　）

(2) ㋑命からがらとは、どんな意味ですか。○をつけましょう。

（　）一生けんめい元気よく、楽しそうに走ってにげる様子。

（　）一生けんめい必死でにげて、どうにか命だけは助かる様子。

3 だれが町まで行くことになりましたか。一つに○をつけましょう。

（　）母さんぎつねだけ

（　）ぼうやだけ

（　）母さんぎつねとぼうや

物語 手ぶくろを買いに ⑥

名前

1

「ぼうや、お手々をかたほうお出し。」
と、母さんぎつねが言いました。
その手を、母さんぎつねは
しばらくにぎっている間に、
かわいい人間の子どもの手に
してしまいました。

2

ぼうやのきつねは、(あ)その手を、広げたり、
にぎったり、つねってみたり、
かいでみたりしました。
「なんだか変だな、母ちゃん、
これなあに。」
と言って、雪明かりに、また、
その人間の手に変えられてしまった
自分の手を、しげしげと見つめました。

3

㋐「それは人間の手よ。いいかい、
ぼうや、町へ行ったらね、
たくさん人間の家が
あるからね。
まず、表に円い
シャッポのかんばんの
かかっている家を
(い)さがすんだよ。
それが見つかったらね、トントンと
戸をたたいて、こんばんはって
言うんだよ。そうするとね、中から
人間が、(う)すこうし戸を開けるからね、
その戸のすき間から、こっちの手、
ほら、(え)この人間の手を差し入れてね、
ちょうだいって言うんだよ。
分かったね、決して、こっちの
お手々を(お)出しちゃだめよ。」
と、母さんぎつねは言い聞かせました。

※シャッポ…ぼうし

（令和六年度版　光村図書　国語　四年下　はばたき　新美　南吉）

上の1～3の文章を読んで、答えましょう。

1 母さんぎつねは、ぼうや（子どものきつね）の手を、どんな手にしてしまいましたか。

かわいい（　　　　）の手

2 ぼうやのきつねは、(あ)その手をどうしてみましたか。

ぼうやのきつねは、その手を、（　　　　）、にぎったり、つねってみたり、（　　　　）しました。

3 (1) ㋐の言葉は、だれがぼうやに言い聞かせている言葉ですか。

(2) (い)町へ行ったら、まず、どんな家をさがすのですか。

表に（　　　　）のかんばんのかかっている家。

(3) (う)すこうし戸を開けるのは、だれですか。

(4) (え)人間の手を差し入れて、何と言うのですか。

この手に（　　　　）ちょうだい。

(5) (お)出しちゃだめなのは、どんな手ですか。○をつけましょう。

（　）きつねの手　（　）人間の手

物語

世界一美しい村へ帰る ①

名前

1

「ヤモ、どうしているかな。」
パグマンから遠くはなれた町で
ミラドーは思いました。

2

アフガニスタンの小さな村
パグマンを出てから、
ミラドーは、
サーカスの
笛ふきとなって、
世界中を
旅しています。
知らない土地の
生活にもなれました。
でも、㋐毎日思い出すのは、
なつかしいパグマンの村と、
仲良しの友達、ヤモのことです。

3

また、次の冬がめぐってきました。
ラジオではアフガニスタンで
長く続いた戦いが終わる、という
ニュースが流れていました。
㋑ミラドーのお父さんは、戦争に
行ったきりゆくえが知れません。

4

ミラドーは、小さいときお父さんが
よく歌っていた㋒曲を思い出しました。
「ダラ　バ　ダラ　谷から谷へ
パグマンの風を君に送るよ。
緑の麦畑をわたり君のかみを
なびかせるよ。遠くはなれた
ぼくの代わりに。」

(令和六年度版　東京書籍　新編　新しい国語　四下　小林　豊)

上の1〜4の文章を読んで、答えましょう。

1 パグマンから遠くはなれた町にいるのはだれですか。○をつけましょう。

（　）ヤモ　（　）ミラドー

2 (1) ミラドーは、サーカスの何になりましたか。

サーカスの（　　　）

(2) ㋐毎日思い出すのは、どんなことですか。

なつかしい（　　　）と、仲良しの友達、（　　　）のこと。

3 (1) ラジオでは、どんなニュースが流れていましたか。

アフガニスタンで長く続いた（　　　）、というニュース。

(2) ㋑ミラドーのお父さんは、今、どうしていますか。○をつけましょう。

（　）ミラドーと同じサーカスで働いている。

（　）戦争にいったきりゆくえが知れない。

4 (1) ミラドーはどんな㋒曲を思い出しましたか。

小さいとき（　　　）がよく歌っていた曲。

(2) ㋒曲の中で、何を君に送るよといっていますか。

物語

世界一美しい村へ帰る②

名前

1

サーカスが次の町に着いたとき、ミラドーは団長さんに、長い間考えていたことを話しました。

「ぼく、パグマンに帰ります。」

「そうか、そうするか。」

団長さんはうなずいて、だまって海を見つめました。

2

その夜、サーカスのみんながミラドーのお別れパーティーを開いてくれました。団長さんは自分のマフラーを、ミラドーの首にまいてくれました。

ミラドーは、自分の荷物の中に、町で買ってきた作物の種をⓐいっぱいつめました。

3

そして、とうとう音が出なくなってしまったお父さんの笛を大切にしまいました。

4

次の日の朝早く、ミラドーは東へ向かう列車に乗りこみました。

かたにかけた黒いかばんの中には、ヤモへのおみやげがつまっています。

ヤモに会うときのことを思うと、ⓘ心がうきうきしました。

(令和六年度版　東京書籍　新編　新しい国語　四下　小林　豊)

上の1〜4の文章を読んで、答えましょう。

1

(1) ミラドーは団長さんに、何と言いましたか。

「ぼく、（　　　　）。」

(2) 団長さんはうなずいて、どうしましたか。

だまって（　　　　）。

2

(1) その夜、サーカスのみんなはだれのお別れパーティーを開いてくれましたか。

ⓐ(2) ミラドーは、自分の荷物の中に、何をつめましたか。○をつけましょう。

（　）団長さんがくれたマフラー

（　）町で買ってきた作物の種

3

ミラドーは、どんな笛を大切にしまいましたか。

とうとう（　　　　）が出なくなってしまった（　　　　）の笛

4

(1) 次の日のいつ、ミラドーは列車に乗りこみましたか。○をつけましょう。

（　）朝早く　（　）夜おそく

ⓘ(2) ミラドーは、どんなことを思うと、心がうきうきしましたか。

（　　　　）のこと

物語

世界一美しい村へ帰る ③

名前

1

村の入り口に着くと、ミラドーは立ちつくしました。村は何もかもこわされて、すっかり様子が変わっていたのです。

2

「おうい！　ぼくだよ、ミラドーだよ。帰ってきたよ！」

ミラドーが大きな声でさけんでも、こたえる人はだれもいません。

「ヤモはどうしたろう。」

3

ミラドーは村の中を、はしからはしまで歩き回りました。そして、村の外れに、焼けこげた㋐すももの木が立っているのを見つけました。ヤモと二人で登った木です。よく見ると、㋑えだ先に、小さなつぼみがついていました。長い冬が終わって、村に春がやってきていたのです。

4

ミラドーはすももの木の下に、お父さんの笛をうめました。そして新しい笛を取り出すと、ゆっくりとふき始めました。

「ダラ　バ　ダラ
谷から谷へ
㋒パグマンの風を
君に送るよ。
世界一美しいぼくの村の風を。」

（令和六年度版　東京書籍　新編　新しい国語　四下　小林　豊）

上の1～4の文章を読んで、答えましょう。

1 村は、すっかり様子が変わっていたのはなぜですか。○をつけましょう。

（　）何もかもこわされていたから。

（　）人の数がふえていたから。

2 ミラドーが大きな声でさけぶと、答える人はいましたか。○をつけましょう。

（　）ヤモが答えてくれた。

（　）こたえる人はだれもいなかった。

3

(1) ミラドーは、村の外れに、どんな㋐すももの木を見つけましたか。

（　　　　）すももの木

(2) すももの木の㋑えだ先に、何がついていましたか。

4

(1) ミラドーはすももの木の下に、何をうめましたか。

(2) ㋒パグマンの風とは、どんな風だといっていますか。

（　　　　）の風

物語

世界一美しい村へ帰る ④

名前

1

次の日、まだ暗いうちに、ミラドーは村を後にして、町へ向かいました。

――町へ行けば、きっとヤモに会える。

㋐そう思ったのです。やがて、山あいの雲海の中から町がうかび上がりました。ミラドーは朝日を浴びて、町の中へ入っていきました。

町は人でいっぱいでした。なつかしいにおいがあちこちからします。でも、知っている人はだれもいません。

2

ミラドーは、町の通りで笛をふき始めました。笛の音に引きつけられて、人々が集まってきます。人がきの中にロバの耳が見えました。そして、

「真っ赤な頭のさくらんぼ、取ったか、食べたか、食べずに死んだか。」

と、㋑なつかしい歌声が聞こえました。ミラドーが声のした方を見ると、そこには、ヤモが立っていました。

3

「ヤモ！」

「お帰り、ミラドー！」

二人は、別れた日と同じように、ほっぺたとほっぺたをくっ付けて、しっかりと㋒だき合いました。

二人は、作物の種の入った荷物をかついで、村へ帰ります。㋓春、村は緑でいっぱいになるでしょう。

4

世界一美しい村は、今も、みんなの帰りを待っています。

（令和六年度版　東京書籍　新編　新しい国語　四下　小林　豊）

上の1～4の文章を読んで、答えましょう。

1

(1) ㋐そう思ったとありますが、ミラドーはどう思いましたか。

町へ行けば、きっと（　　　　）。

(2) 町では、どんなにおいがしましたか。○をつけましょう。

（　）かいだことのないにおい

（　）なつかしいにおい

2

(1) ミラドーは、町の通りで何を始めましたか。

(2) ㋑なつかしい歌声とは、だれの声ですか。○をつけましょう。

（　）ミラドーの声

（　）ヤモの声

3

(1) 二人は、どのように㋒だき合いましたか。

（　　　　）と同じように、

（　　　　）を

くっ付けて、しっかりとだき合いました。

(2) ㋓春、村はどうなるでしょうか。

（　　　　）で（　　　　）に

なるでしょう。

4

世界一美しい村は、今も、何を待っていますか。

ノンフィクション

神様の階段 ①

名前

1

ここは、インドネシアのバリ島。暑い、暑い、熱帯の島だ。

2

ぼくがこの島をおとずれようと思ったのは、ここには、昔ながらの美しい田んぼがたくさんのこっていると聞いたからだ。それは、いつも見ている日本の田んぼと、どうちがうのだろう。

3

太陽がしずむと、気温が一気に下がり、あたりが急に青ずんできた。Ⓐ目の前にどうどうとそびえるのは、アグン山だ。バリ島の人々は、昔から、島でいちばん高いこの山を、神様の住むしんせいな場所として大切にしてきた。明日は、Ⓘあの山にもっと近づいてみよう。

＊「日本」は「にほん」とも読みます。

（令和六年度版　光村図書　国語　四年上　かがやき　今森　光彦）

上の1～3の文章を読んで、答えましょう。

1 ここは、①どこの国の、②何という島ですか。

① どこの国

② 何という島

2 ぼくがこの島をおとずれようと思ったのは、なぜですか。

ここには、（　　　　）がたくさんのこっていると聞いたから。

3 (1) Ⓐ目の前にどうどうとそびえるのは、何という山ですか。

（　　　　）山

(2) アグン山について、当てはまるもの二つに○をつけましょう。

（　）遠くに小さく見える青ずんだ山。

（　）島でいちばん高い山。

（　）神様が住むしんせいな場所として大切にされている山。

(3) Ⓘあの山の名前を書きましょう。

□□□山

ノンフィクション
神様の階段②

名前

1

朝、山に向かって歩きだすと、すぐに玉のようなあせがふき出てきた。草いきれにまじって、どこからか、水をふくんだ土のにおいがする。

急なしゃめんを上ると、目の前に、㋐段々になった田んぼ、たな田が広がっていた。

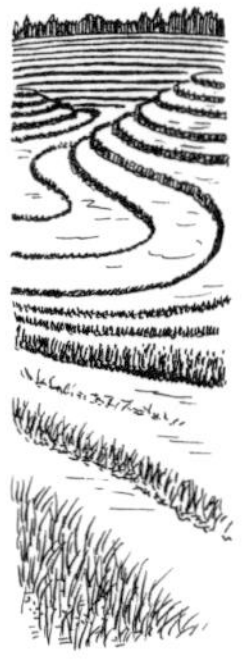

2

小さなため池もある。いろいろな水草がしげっていて、メダカやゲンゴロウが泳いでいる。このため池は、きっと、山から流れてくるつめたい水を田んぼに入れる前に温めたり、食べるための魚をかったりするために作られているのだろう。

そういえば、ぼくが子どものころには、近くの田んぼにもこんなため池があって、魚つりをして遊んだものだった。

3

あぜ道には、いろいろな花がさいている。目にとまった㋑白い花の名前を、通りかかった農家の人にきいてみた。

ブンガ・ビンタン。

「星の花」という意味だそうだ。

ぼくは、足元のこんな小さな花に、そんなすてきな名前をつけるバリ島の人たちのことが、すっかりすきになってしまった。

（令和六年度版　光村図書　国語　四年上　かがやき　今森　光彦）

上の1〜3の文章を読んで、答えましょう。

1

(1) 山に向かって歩き出すと、どんなにおいがしましたか。

草いきれにまじって、どこからか、（　　　　）のにおいがする。

(2) ㋐段々になった田んぼのことを、何といいますか。

2

(1) 小さなため池には、どんな生き物が泳いでいましたか。二つ書きましょう。

(2) 小さなため池は、どんなことをするために作られているのですか。二つ書きましょう。

① 山から流れてくる（　　　　）を（　　　　）に入れる前に温めるため。

② （　　　　）ための（　　　　）をかったりするため。

3

㋑白い花について答えましょう。

① 名前を書きましょう。

② 名前の意味を答えましょう。

ノンフィクション
神様の階段 ③

名前

1

あぜ道にそって流れる小さな川が、水音を立てている。

(あ)この小さな川は、あみの目のようにあたりをめぐっている。

そうして、田んぼに入ったり、石段を下りたり、時には、ちょっと大きなべつの川に合流したりする。水が血液のように流れていて、まるで(い)田んぼ全体が命をもった生き物のようだ。

2

小高いおかの向こうでは、何人もの人が田植えをしていた。子どもたちも手伝っている。

こしをかがめ、一かぶ、一かぶ、手で植えていくのは、(う)たいへんな作業だ。

3

そして、(え)おどろいたことには、そのとなりの田んぼでは、いねかりをしている。かり取ったいねを木の台にたたきつけて、だっこくをしていた。

（令和六年度版　光村図書　国語　四年上　かがやき　今森　光彦）

上の1～3の文章を読んで、答えましょう。

1

(1) (あ)この小さな川は、何のようにあたりをめぐっていますか。

(2) まるで(い)田んぼ全体が、何のようだといっていますか。

（　　）をもった（　　）のようだ。

2

(1) 小高いおかの向こうでは、何をしていましたか。

(2) (う)たいへんな作業とは、どんな作業ですか。

（　　）をかがめ、一かぶ、一かぶ、（　　）で植えていく作業。

3

(1) (え)おどろいたことには、となりの田んぼでは、何をしてたのですか。二つに○をつけましょう。

（　）田植え

（　）いねかり

（　）だっこく

ノンフィクション
神様の階段 ④

名前

1

バリ島は一年を通じて気温が高いので、決まった時期に田植えをする必要がない。だから、それぞれの田んぼで、いねかりの時期もちがっているのだ。

2

田植えの時期の水面が見える田んぼ、青々としげった緑の田んぼ、黄金色に実った田んぼ、いねがかり取られた後の田んぼ。

高い所からながめると、ⓐバリ島のたな田は、パッチワークのようなもようを作り出す。春夏秋冬の四季になれた日本人には、とてもふしぎな風景だ。

3

林を上っていると、とつぜん、あざやかな色が目に飛びこんできた。色とりどりの服やズボンが、草の上に広げてある。ⓘふろしきのような大きなぬのは、こしにまき付ける、サルンというものだ。

4

あせやどろでよごれてしまったものを、下の川でせんたくして、ほしているのだろう。のんびりとひなたぼっこでもしているようなⓤたくさんの服は、田んぼの仕事のたいへんさとともに、働くことのよろこびも、感じさせてくれるようだった。

（令和六年度版　光村図書　国語　四年上　かがやき　今森　光彦）

上の1～4の文章を読んで、答えましょう。

1　バリ島では、なぜ決まった時期に田植えをする必要がないのですか。

バリ島は一年を通じて（　　　　）から。

2　高い所からながめると、ⓐバリ島のたな田では、どんな田んぼが見られますか。四つ書きましょう。

①（　　　　）の時期の（　　　　）が見える田んぼ

②（　　　　）緑の田んぼ

③（　　　　）に実った田んぼ

④いねが（　　　　）後の田んぼ

3　ⓘふろしきのような大きなぬのを、何といいますか。

（　　　　）

4　ⓤたくさんの服は、田んぼの仕事のたいへんさとともに、どんなことを感じさせてくれるようでしたか。

田んぼの仕事の（　　　　）とともに、（　　　　）も、感じさせてくれる。

詩
自分だけの詩集を作ろう

名前

1

まんげつ

みずかみ　かずよ

でっかいつきだ
セメントこうばの　えんとつおして
のん　のん　のん　のん
ぼくのかたにのっかりそうだ

2

月

こやま　峰子

雲のうんだ　たまご

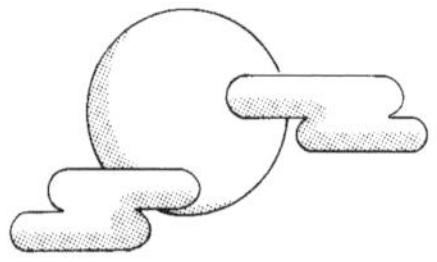

3

上弦の月

堀田　美幸

すっかり明けきった
青空に
うすく浮かんだ
半分だけのお月さま
もう半分を
さがしてる

（令和六年度版　光村図書　国語　四年下　はばたき「自分だけの詩集を作ろう」による）

1 の詩を読んで、答えましょう。

(1) 「でっかいつき」におされているものは、何ですか。

セメントこうばの（　　　）

(2) 「でっかいつき」は、どこにのっかりそうですか。

（　　　）

2 の詩を読んで、答えましょう。

この詩に出てくる月に、○をつけましょう。

（　）（　）

3 の詩を読んで、答えましょう。

(1) 「すっかり明けきった　青空に」とありますが、いつのことを表していますか。一つに○をつけましょう。

（　）朝　（　）夕方　（　）夜中

(2) この詩に出てくる月に、○をつけましょう。

（　）（　）

詩

きみに

名前

きみに

和合　亮一

1

きみに　はじめて
手紙を書いた
(あ)そしてすぐに
読んでみたんだ

2

青い空を
吹いていた風や
しずかな波の音や
かすかな鳥の声が
文字と
文字のあいだに
(い)聞こえた気がした

3

だから
きみの新しい住所と
名前を　きちんと
書こうと思った

4

この町の雲や
星や　道や　朝を
(う)紙のうえにのせるようにして
四つに折って
大切に
封筒にいれて
どきどきしている
(え)この心も
おくります

（令和六年度版　東京書籍　新編　新しい国語　四下　和合　亮一）

上の詩を読んで、答えましょう。

1 (1) だれに、手紙を書きましたか。

□

(2) 手紙を書いて(あ)すぐに、どうしましたか。

□

2 どんな音や声が(い)聞こえた気がしたのですか。

（　　）を吹いていた風や
（　　）の音や
（　　）の声。

3 何を、きちんと書こうと思ったのですか。

きみの（　　）と（　　）

4 (1) この町の何を、(う)紙のうえにのせるようにして　といっていますか。

この町の□や□や□や□を

(2) 四つに折ってどのように封筒にいれて　といっていますか。

□に　封筒にいれて

(3) どんな(え)この心も　おくります　といっていますか。○をつけましょう。

（　）はらはらしているこの心
（　）どきどきしているこの心

短歌・俳句

短歌①

名前

石走る垂水の上のさわらびの
萌え出づる春になりにけるかも

志貴皇子

〈意味〉
岩の上をいきおいよく
流れるたきのそばの、わらびが
芽を出す春になったのだなあ。

※垂水…がけを落ちる水の流れ。たき。

（令和六年度版　光村図書　国語　四年上　かがやき「短歌・俳句に親しもう（一）」による）

上の短歌とその意味を読んで、答えましょう。

(1) 言葉の調子のよいところで、五つの部分に分けて、ひらがなで書きましょう。

(2) この短歌がよまれた季節はいつですか。一つに○をつけましょう。

（　）春　（　）夏

（　）秋　（　）冬

(3) 何が萌え出づるのですか。短歌の中の言葉で書きましょう。

(4) 萌え出づるとは、どんな意味ですか。〈意味〉からさがして書きましょう。

短歌・俳句

短歌②

名前

君がため春の野に出でて若菜摘む
我が衣手に雪は降りつつ

光孝天皇

〈意味〉

あなたのために、
春の野に出かけて若菜を摘む
わたしのそでに、
雪がずっと降りつづいている。

※我が衣手…わたしのそで。

（令和六年度版　光村図書　国語　四年上　かがやき「短歌・俳句に親しもう（一）」による）

上の短歌とその意味を読んで、答えましょう。

(1) 言葉の調子のよいところで、五つの部分に分けて、ひらがなで書きましょう。

(2) 君がため（あなたのために）、どこに出かけましたか。

(3) 我が衣手（わたしのそで）に、何が降りつづいていますか。

(4) この短歌がよまれたのは、いつですか。○をつけましょう。

（　）冬から春になったばかりのころ。春のはじめ。

（　）春から夏になりそうなころ。春のおわり。

短歌・俳句

短歌③

名前

いにしへ（え）の奈良の都の八重桜
今日九重に匂ひ（い）ぬるかな

伊勢大輔

〈意味〉
昔の都だった
奈良の八重桜が、
今日は、京都の九重（天皇の
住まい）で色美しくさいている
ことだ。

上の短歌とその意味を読んで、答えましょう。

(1) 言葉の調子のよいところで、五つの部分に分けて、ひらがなで書きましょう。

(2) この短歌がよまれた季節はいつですか。一つに○をつけましょう。

（　）春　（　）夏
（　）秋　（　）冬

(3) 八重桜が、昔さいていたのはどこですか。○をつけましょう。

（　）奈良
（　）京都

(4) 八重桜は、今日はどこでさいていますか。○をつけましょう。

（　）奈良
（　）京都

（令和六年度版　光村図書　国語　四年上　かがやき「短歌・俳句に親しもう（一）」による）

短歌・俳句

短歌④

名前

晴れし空Ⓐ仰げばいつも
口笛を吹きたくなりて
吹きてⒾあそびき

石川　啄木

〈意味〉
晴れた空を見上げると、いつも口笛を吹きたくなって、それを吹いて遊んでいた。

（令和六年度版　光村図書　国語　四年下　はばたき「短歌・俳句に親しもう（二）」による）

上の短歌とその意味を読んで、答えましょう。

(1) 言葉の調子のよいところで、五つの部分に分けて、ひらがなで書きましょう。

(2) Ⓐ仰げばとは、どんな意味ですか。〈意味〉も読んで、○をつけましょう。

（　）見下ろすと

（　）見上げると

(3) Ⓘあそびきとは、どんな意味ですか。〈意味〉からさがして書きましょう。

(4) 晴れた空を見上げると、いつも何を吹きたくなるとうたっていますか。

短歌・俳句

短歌⑤

名前

金色のちひさき鳥のかたちして
銀杏ちるなり夕日の岡に

与謝野　晶子

〈意味〉
金色にかがやく
小さな鳥のような形をして、
銀杏の葉がちっている。
夕日の差す岡の上に。

上の短歌とその意味を読んで、答えましょう。

(1) 言葉の調子のよいところで、五つの部分に分けて、ひらがなで書きましょう。

(2) 銀杏の葉は、何色だとうたわれていますか。○をつけましょう。

（　）緑色
（　）金色

(3) 銀杏の葉は、どんな形をしているとうたわれていますか。〈意味〉の中の言葉で書きましょう。

のような形

(4) 銀杏は、どこにちっていますか。短歌の中の言葉で書きましょう。

（令和六年度版　光村図書　国語　四年下　はばたき「短歌・俳句に親しもう（二）」による）

短歌・俳句

短歌⑥

名前

ゆく秋の大和の国の薬師寺の
塔の上なる一ひらの雲

佐佐木　信綱

〈意味〉

秋も終わりのころの大和の国（今の奈良県）にある薬師寺。その塔を見上げると、すんだ空に一片の雲がうかんでいる。

（令和六年度版　光村図書　国語　四年下　はばたき「短歌・俳句に親しもう（二）」による）

上の短歌とその意味を読んで、答えましょう。

(1) 言葉の調子のよいところで、五つの部分に分けて、ひらがなで書きましょう。

(2) この短歌がよまれた季節はいつですか。一つに○をつけましょう。

（　）春　（　）夏

（　）秋　（　）冬

(3) 薬師寺の塔の上には、何がありますか。短歌の中の言葉で書きましょう。

(4) この短歌には、「の」の字が何回使われていますか。

（　　　）回

短歌・俳句

俳句①

名前

1

梅一輪一輪ほどの暖かさ

服部　嵐雪

〈意味〉

まだ寒いけれど、
梅が一輪さいたら、
その一輪の分だけ、
春の暖かみを感じるよ。

2

雀の子そこのけそこのけ
御馬が通る

小林　一茶

〈意味〉

雀の子よ、
あぶないから、
そこをどきなさい。
お馬さんが通るよ。

1 の俳句とその意味を読んで、答えましょう。

(1) 言葉の調子のよいところで、三つの部分に分けて、ひらがなで書きましょう。

(2) 季節がわかる言葉を書きましょう。

2 の俳句とその意味を読んで、答えましょう。

(1) 言葉の調子のよいところで、三つの部分に分けて、ひらがなで書きましょう。

(2) 作者は、どちらに語りかけていますか。○をつけましょう。

（　）雀の子

（　）お馬さん

（令和六年度版　光村図書　国語　四年上　かがやき「短歌・俳句に親しもう（一）」による）

短歌・俳句

俳句 ②

名前

1

柿くへ(え)ば鐘がなるなり法隆寺

正岡　子規

〈意味〉
柿を食べていると、
ちょうどそのとき、
鐘の音がひびいてきた。
ああ。法隆寺の鐘だ。

2

桐一葉日当たりながら落ちにけり

高浜　虚子

〈意味〉
桐の葉が一まい、秋の日の光に
照らされながら、落ちた。

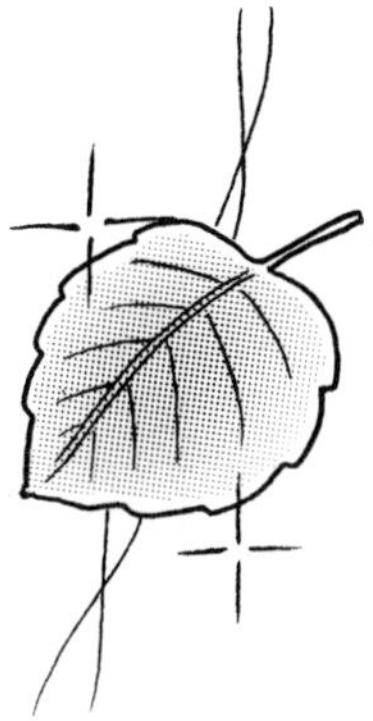

1の俳句とその意味を読んで、答えましょう。

(1) 言葉の調子のよいところで、三つの部分に分けて、ひらがなで書きましょう。

(2) 季節はいつですか。一つに○をつけましょう。

（　）春　（　）夏
（　）秋　（　）冬

2の俳句とその意味を読んで、答えましょう。

(1) 言葉の調子のよいところで、三つの部分に分けて、ひらがなで書きましょう。

(2) 桐の葉は、何に照らされながら落ちましたか。〈意味〉の中の言葉で答えましょう。

（令和六年度版　光村図書　国語　四年下　はばたき「短歌・俳句に親しもう（二）」による）

きせつの言葉　春の楽しみ

俳句

名前

1

雛壇や襖はらひ(い)てはるかより

水原　秋櫻子

1の俳句を読んで、答えましょう。

(1) 五音、七音、五音の三つの部分に分けて、ひらがなで書きましょう。

(2) どの行事のことを、うたっていますか。一つに○をつけましょう。

（　）お正月

（　）節分

（　）ひなまつり

2

空をゆく一かたまりの花吹雪

高野　素十

2の俳句を読んで、答えましょう。

(1) 五音、七音、五音の三つの部分に分けて、ひらがなで書きましょう。

(2) きせつを感じる言葉をひらがなで書きましょう。

（令和六年度版　光村図書　国語　四年上　かがやき　「きせつの言葉　春の楽しみ」による）

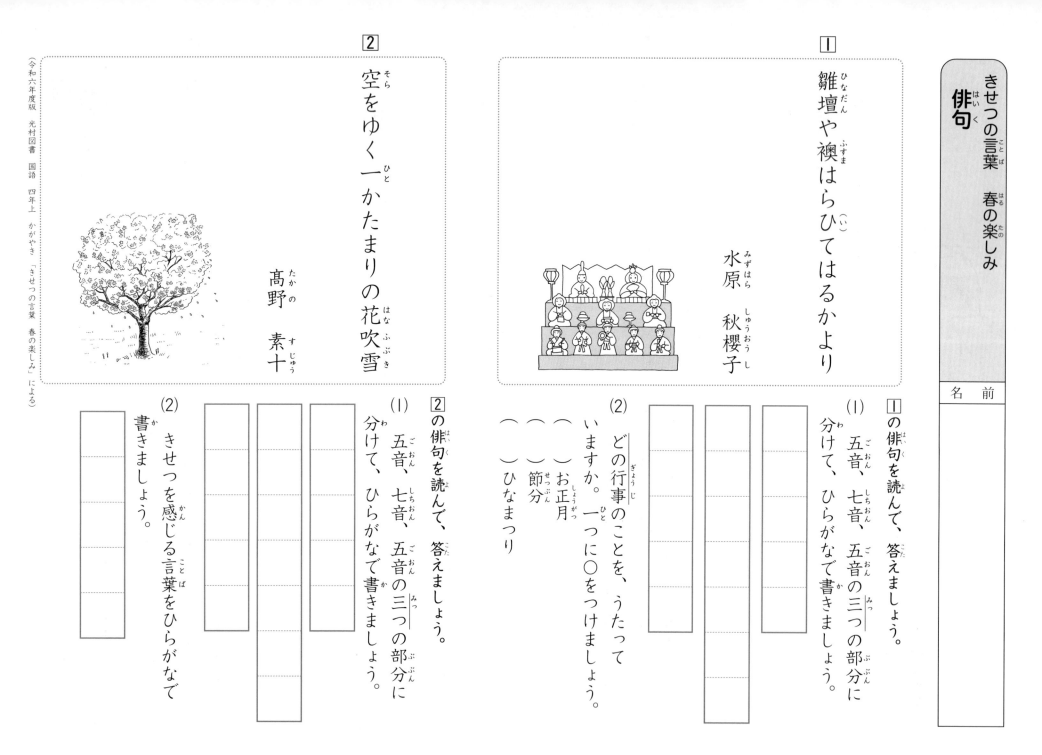

季節の言葉　夏の楽しみ

俳句

名前

1

ものなくて軽き袂や衣更

高浜　虚子

2

七夕や心もとなき朝ぐもり

高橋　淡路女

（令和六年度版　光村図書　国語　四年上　かがやき「季節の言葉　夏の楽しみ」による）

1の俳句を読んで、答えましょう。

● 五音、七音、五音の三つの部分に分けて、ひらがなで書きましょう。

2の俳句を読んで、答えましょう。

(1) 季節がわかる言葉を書きましょう。

(2) どんな天気ですか。一つに○をつけましょう。

（　）晴れ
（　）くもり
（　）雨

季節の言葉　秋の楽しみ

短歌／俳句

名前

1

参道の／長きはたのし七五三

山口　青邨

2

秋の野に／咲きたる花を指折り
かき数ふれば七種の花

山上　憶良

3

ちはやぶる神代も聞かず竜田川
から紅に水くくるとは

在原　業平

（令和六年度版　光村図書　国語　四年下　はばたき「季節の言葉　秋の楽しみ」による）

1の俳句を読んで、答えましょう。

(1) どこで区切ると調子よく読めますか。二か所に／線を書き入れましょう。

(2) 何の行事についてうたっていますか。一つに○をつけましょう。

（　）月見　（　）秋祭り　（　）七五三

2の短歌を読んで、答えましょう。

(1) どこで区切ると調子よく読めますか。四か所に／線を書き入れましょう。

(2) 季節が分かる言葉を書きましょう。

3の短歌を読んで、答えましょう。

五音・七音・五音・七音・七音の五つの部分に分けて、ひらがなで書きましょう。

季節の言葉　冬の楽しみ

俳句／言葉

名前

1

使はざる部屋も灯して豆を撒く

馬場　移公子

（令和六年度版　光村図書　国語　四年下　はばたき「季節の言葉　冬の楽しみ」による）

1の俳句を読んで、答えましょう。

(1) 五音、七音、五音の三つの部分に分けて、ひらがなで書きましょう。

(2) 何の行事のことを、うたっていますか。一つに○をつけましょう。

（　）お正月
（　）節分
（　）ひなまつり

2

(1) 次の言葉は、冬の行事を表した言葉です。関係する言葉を下から選んで、——線で結びましょう。

① 冬至　一年で最も昼の時間が短い日。（十二月二十二日ごろ）　・　　・じょやのかね

② 大みそか　（十二月三十一日）　・　　・おせち

③ お正月　・　　・かぼちゃ

説明文

思いやりのデザイン ①

名前

1

Aの案内図は、どこに、どんな建物があるかを、だれが見ても分かるように表しています。そのため、このまちに来た多くの人の(あ)役に立ちます。

2

しかし、目的地が決まっている人にとっては、どうでしょうか。たくさんの道や目印があるため、どの道順で行けばよいのか、(い)まよってしまうかもしれません。

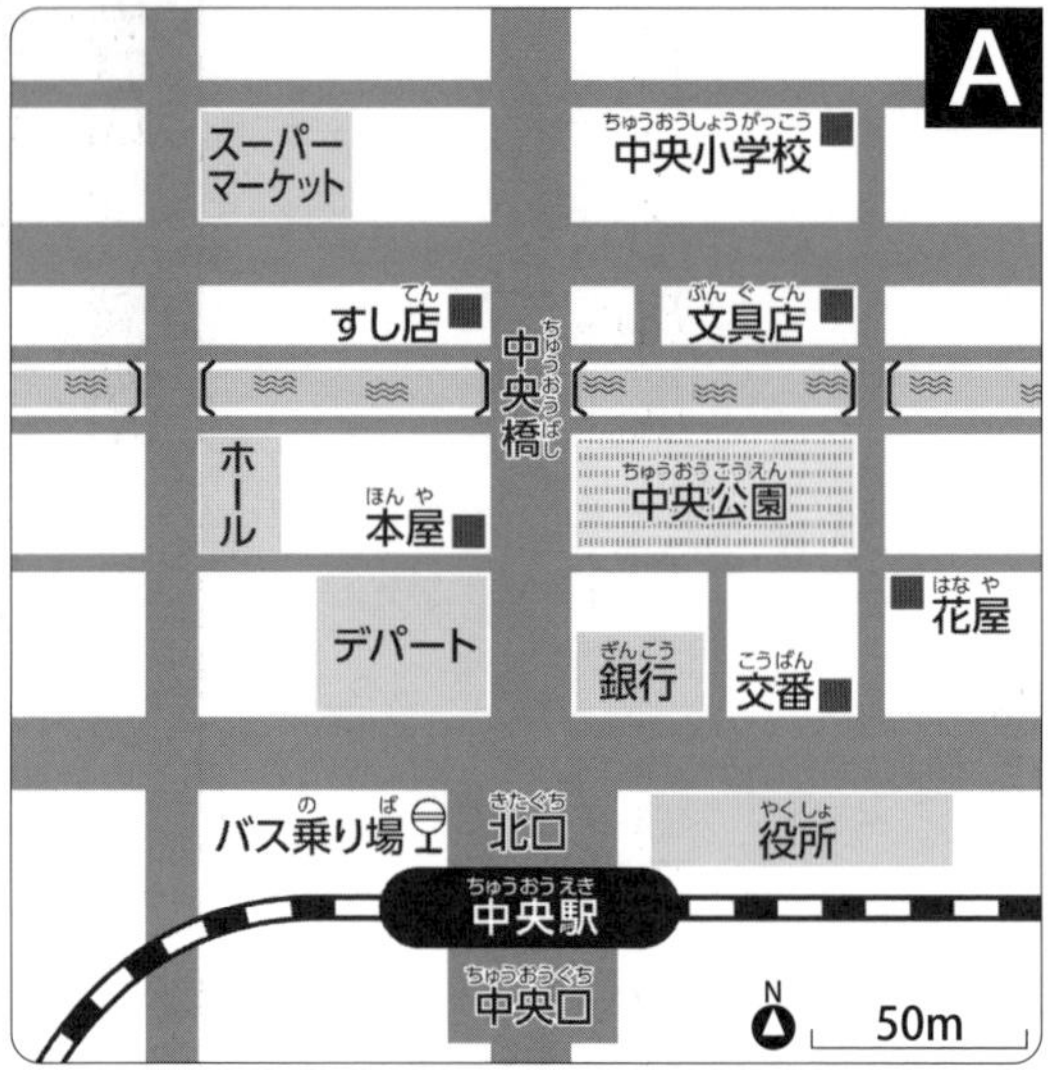

（令和六年度版　光村図書　国語　四年上　かがやき　木村　博之）

上の1・2の文章を読んで、答えましょう。

1 (1) Aの案内図は、何をどのように表していますか。

（　　　　）に、（　　　　）があるかを、（　　　　）分かるように表しています。

(2) どんな人の(あ)役に立ちますか。

（　　　　）多くの人。

2 (い)まよってしまうかもしれないのは、何があるためですか。

（　　　　）の道や目印。

説明文

思いやりのデザイン②

名前

1

いっぽう、Bの案内図は、目的地までの道順と目印になる建物だけを表しています。まよわず安心して目的地に向かえるように、歩くときに見える景色をさまざまにそうぞうしながら、あ見る人にとっていちばん分かりやすい道順にしぼってしめしています。

2

しかし、まち全体の様子をい知りたい人にとっては、十分なものではありません。

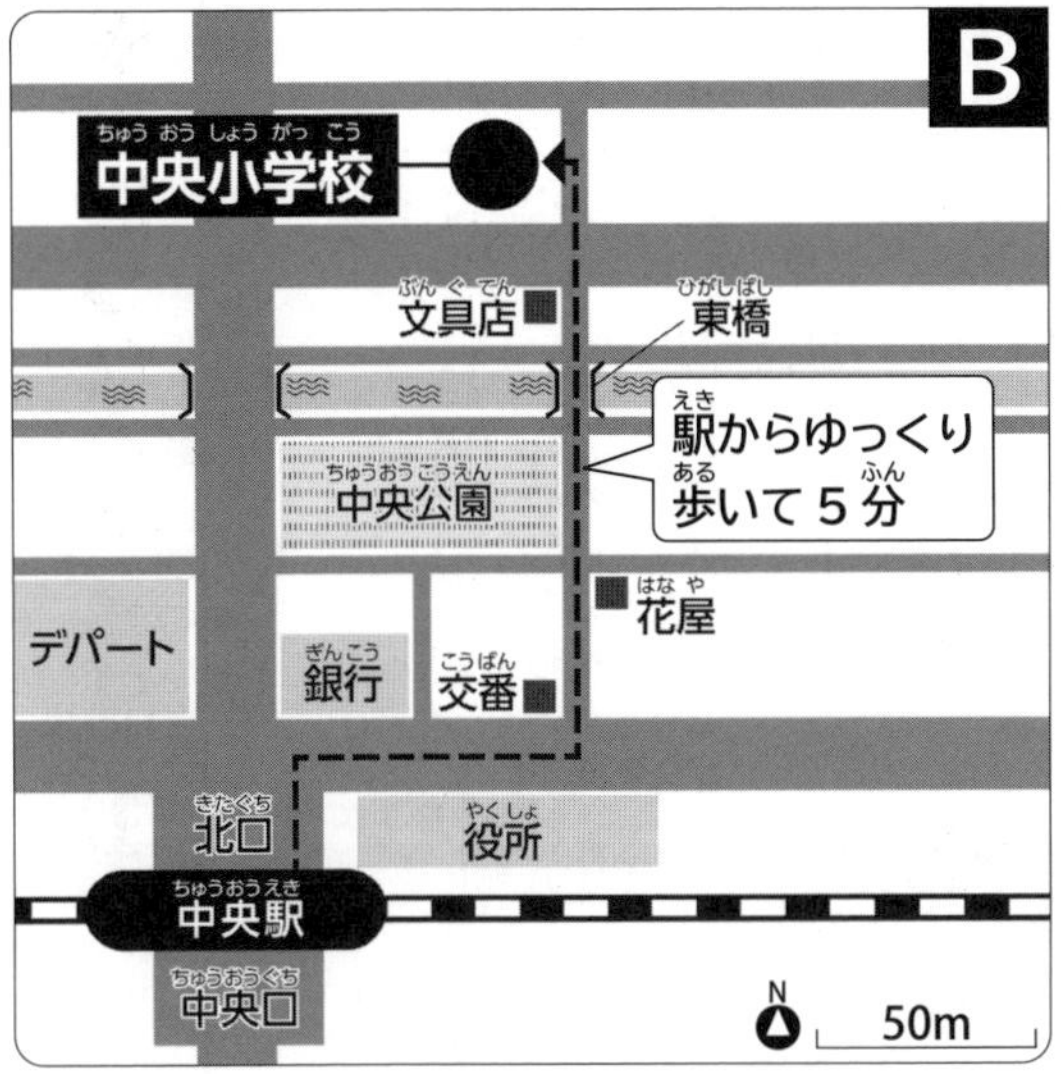

（令和六年度版　光村図書　国語　四年上　かがやき　木村博之）

上の1・2の文章を読んで、答えましょう。

1 (1) Bの案内図は、どんなことを表していますか。二つ書きましょう。

① （　　　）までの（　　　）。

② （　　　）になる建物。

(2) Bの案内図は、あ見る人にとって、どんな道順にしぼってしめしていますか。

見る人にとって（　　　）道順。

2 何をい知りたい人にとって、十分なものではないのですか。

（　　　）を知りたい人。

説明文

未来につなぐ工芸品 ①

名前

1 「工芸品」と聞いて、どのような物を思いうかべるでしょうか。みなさんが毎日のくらしで使っている皿やはし、つくえやいす、かばんや紙などの中で、職人の手仕事で一つ一つ作られているものが、Ⓐ「工芸品」とよばれています。

2 日本各地で、Ⓘその土地の気候やしげんをいかした伝統的な工芸品が作られ、全国のお店で売られています。

3 職人は、使う人のことを大切に思い、ていねいに工芸品を作っています。Ⓤわたしは、そんな職人と、職人たちが生み出す工芸品が大すきで、工芸品のよさを伝える仕事をしています。

4 日本人の生活の変化などから、昔にくらべて工芸品を使う人がへり、職人の数も少なくなっていますが、Ⓔわたしは、工芸品を未来の日本にのこしていきたいと考えています。それには、二つの理由があります。

＊「日本」は「にほん」とも読みます。

（令和六年度版　光村図書　国語　四年下　はばたき　大牧　圭吾）

上の1～4の文章を読んで、答えましょう。

1 毎日のくらしで使っているものの中で、どんなものがⒶ工芸品とよばれていますか。

職人の（　　）で（　　）作られているもの

2 日本各地で、Ⓘその土地の何をいかした伝統的な工芸品が作られていますか。

その土地の（　　）

3 (1) 職人は、どんなことを大切に思い、ていねいに工芸品を作っていますか。

（　　）

(2) Ⓤわたしの仕事は、何を伝える仕事ですか。

（　　）を伝える仕事

4 (1) 工芸品や職人について書きましょう。

昔にくらべて工芸品を使う人が（　　）、職人の数も（　　）なっています。

(2) Ⓔわたしは、どんなことをしていきたいと考えていますか。

工芸品を（　　）と考えています。

説明文

未来につなぐ工芸品②

名前

1

一つ目の理由は、工芸品が、過去、げんざいと続いてきた日本の文化やげいじゅつを、未来につないでくれることです。

2

例えば、奈良県に、「奈良墨」という工芸品があります。(あ)奈良墨は、千年以上も前から、文字や絵をかくための道具として使われてきました。(い)木や紙にかかれた墨は、今も消えることなくのこっていて、当時の文化をわたしたちに伝えてくれています。

3

そして、げんざいも、書家や画家、墨で文字や絵をかくことを楽しむ人たちの中に、色合いが美しく、かきごこちのよい(う)奈良墨を使っている人が多くいます。そうしてかかれたものは、未来に、今を伝えてくれることでしょう。

4

茶道で使う茶わん、落語家のせんす、祭りのときのちょうちんや和だいこなども同じです。職人が作る(え)さまざまな工芸品があるからこそ、日本の文化やげいじゅつを未来にのこせるのです。

＊「日本」は「にほん」とも読みます。

（令和六年度版　光村図書　国語　四年下　はばたき　大牧　圭吾）

上の1～4の文章を読んで、答えましょう。

1 工芸品は、何を未来につないでくれますか。

過去、げんざいと続いてきた（　　　　）。

2 (1) (あ)奈良墨について答えましょう。

① いつから使われてきましたか。

（　　　　）以上も前から

② どんな道具として使われてきましたか。

（　　　　）や（　　　　）をかくための道具

(2) (い)木や紙にかかれた墨は、何をわたしたちに伝えてくれていますか。

3 げんざいも、(う)奈良墨を使っている人が多くいるのはなぜですか。

（　　　　）が美しく、（　　　　）がよいから。

4 (え)さまざまな工芸品があるからこそ、どんなことができるといっていますか。

日本の（　　　　）や（　　　　）を（　　　　）にのこせるのです。

説明文

風船でうちゅうへ ①

名前

1
子どものころから、いつか、うちゅうへ行くものを、何か、自分で作りたいと考えていました。

2
しかし、大学でうちゅうについて勉強すると、それには、大がかりなそうちや、たくさんの人、さらには、多くのお金が(あ)必要だと分かり、とても自分にはできそうにないとあきらめかけていました。

3
ところが、二〇一一年八月、大学生活最後の夏休みに、「アメリカの大学生が、自作そうちで、うちゅうと地球をさつえいした」という(い)ニュースを目にしました。(う)記事には、自分で作ったそうちとカメラを風船につるして、うちゅうをさつえいしたということが書かれていました。

4
「これなら、自分でもできるかもしれない。」そんな思いから、わたしのちょうせんは始まりました。

（令和六年度版　光村図書　国語　四年下　はばたき　岩谷　圭介）

上の1～4の文章を読んで、答えましょう。

1 筆者は子どものころから、どんなことを考えていましたか。

いつか、（　　　　）を、何か、（　　　　）と考えていました。

2
(1) 何が(あ)必要だと分かりましたか。三つ書きましょう。

(2) 筆者はどう思ってあきらめかけていましたか。

とても自分には（　　　　）とあきらめかけていました。

3
(1) 筆者は、どんな(い)ニュースを目にしましたか。

「アメリカの（　　　　）が、（　　　　）で、（　　　　）をさつえいした」というニュース。

(2) (う)記事には、自分で作ったそうちとカメラを、何につるしたと書かれていましたか。

4 どんな思いから、わたしのちょうせんは、始まりましたか。

「これなら、自分でも（　　　　）。」という思い。

説明文

風船でうちゅうへ ②

名前

1

あ二か月後の十月、一号機が完成しました。
カメラをはっぽうスチロールでおおったそうちに、二十五個の風船を付けたものです。

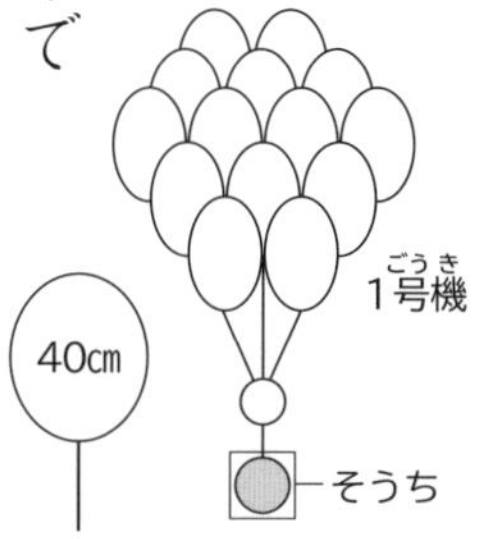

2

うちゅうをさつえいするための最初の実験として、百メートルほどの高さまで飛ばしてみることにしました。カメラは、小さくて軽い、動画がとれるものにし、一号機がどこかへ行ってしまわないように、ひもを付けて、地上とつなぐことにしました。

3

通っていた北海道大学の、広い農地から打ち上げた一号機は、百メートルほどの高さまでふんわりと上がり、空にただよいました。しかし、回収したカメラにうつっていたのは、ぐわんぐわんとい ゆれたえいぞうで、ポコポコという音も聞こえました。わたしは、風船どうしがぶつかり、そのゆれが、カメラに伝わってしまったのではないかと考えました。

4

物事には、やってみて初めて分かることがあります。一号機の失敗は、次に進むためのヒントをくれました。

（令和六年度版　光村図書　国語　四年下　はばたき　岩谷　圭介）

上の1～4の文章を読んで、答えましょう。

1 あ一号機は、どんなものですか。

（　　　）を（　　　）でおおったそうちに、（　　　）個の風船を付けたもの。

2 最初の実験について、あてはまるもの二つに○をつけましょう。

（　）百メートルほどの高さまで飛ばしてみることにした。
（　）カメラは、大きくて重く動画がとれるものにした。
（　）一号機にひもを付けて地上とつないだ。

3 (1) 一号機は、どこから打ち上げましたか。

通っていた北海道大学の、（　　　）。

(2) 回収したカメラにうつっていたのは、い ゆれたえいぞうだったのは、なぜだと考えましたか。

（　　　）がぶつかり、そのゆれが、（　　　）に伝わってしまったのではないかと考えました。

4 一号機の失敗は、何をくれましたか。

説明文

風船でうちゅうへ ③

名前

1

二号機は、少し大きな風船を一個だけ付けて、打ち上げました。

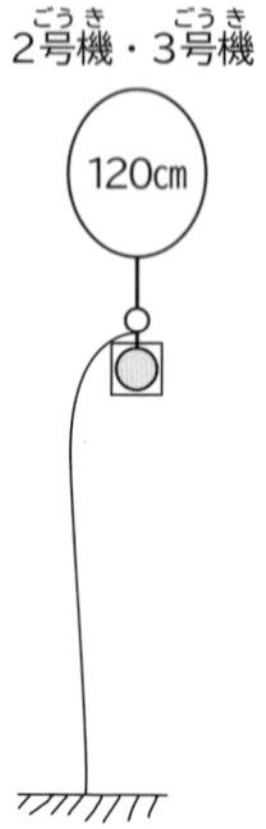

2

これでうまくいくと思いましたが、今度は、別の失敗をしました。二号機を㋐飛ばしてすぐに、二号機と地上とをつないだひもがぴんとはったかと思うと、不意に力がぬけたのです。風が強い日だったので、二号機はあっというまに風に流されて、空のかなたへ消えました。

3

そうちと風船をつなぐ金具に結んでいたひもが、ほどけてしまったのです。㋑げんいんは、ひもの結び方がゆるかったことと、風の弱い日まで実験を待てなかったことでした。

4

カメラを回収できなかったので、風船を一個にしたことがよかったのかどうかも㋒分かりません。回収することの大切さを感じた㋓失敗でした。

（令和六年度版　光村図書　国語　四年下　はばたき　岩谷圭介）

上の1～4の文章を読んで、答えましょう。

1 二号機は、どんな風船を、何個付けて、打ち上げましたか。

（　　）（　　）風船を
（　　）個だけ付けて、打ち上げました。

2 (1) 二号機を㋐飛ばしてすぐに、どんなことがありましたか。

二号機と（　　）とをつないだ（　　）がぴんとはったかと思うと、
不意に（　　）のです。

(2) なぜ、二号機はあっというまに風に流されて、空のかなたに消えたのですか。

（　　）ので。

3 ひもが、ほどけてしまった㋑げんいんは、何ですか。二つ書きましょう。

① ひもの結び方が、（　　）こと。

② 風の（　　）まで、実験を待てなかったこと。

4 (1) カメラを回収できなかったので、何が㋒分かりませんでしたか。

（　　）がよかったのかどうか。

(2) どんなことを感じた㋓失敗でしたか。

（　　）を感じた失敗でした。

説明文

風船でうちゅうへ ④

名前

1

三号機は、前回の教訓から、ひもの結び方を㋐改良し、風の弱い日を㋑選んで打ち上げました。三号機は、順調に空に上がり、無事にカメラも回収できました。えいぞうを見ると、一号機のものより、ゆれがずっと小さくなっていました。

2

さて、ここまではひもを付けて実験しましたが、これでは、うちゅうがさつえいできるほど高くは飛べません。四号機からは、ひもなしで飛ばすことにしました。

3

三号機までの実験で、風船は一個がよいと分かったので、できるだけ大きい風船をさがしました。しかし、㋒うちゅうがさつえいできる高さまで上がるほど大きいものは、なかなか見つかりません。ゆれの問題があるのは分かっていましたが、㋓高く上げることを第一に考え、風船を三つ使うことにしました。

（令和六年度版　光村図書　国語　四年下　はばたき　岩谷圭介）

上の1～3の文章を読んで、答えましょう。

1 (1) 三号機は、何を㋐改良しましたか。

（　　　　）

(2) どんな日を㋑選んで打ち上げましたか。

風の（　　　　）

2 ここまではひもを付けて実験しましたが、これでは、どんなことができませんか。

うちゅうが（　　　　）ほど（　　　　）は飛べません。

3 (1) 三号機までの実験で、どんなことが分かりましたか。

風船は（　　　　）と分かった。

(2) ㋒うちゅうがさつえいできる高さまで一個で上がるほど大きい風船は見つかりましたか。○をつけましょう。

（　）すぐに見つかった。

（　）なかなか見つからなかった。

(3) ㋓高く上げることを第一に考え、風船はいくつ使うことにしましたか。

（　　）つ

説明文

風船でうちゅうへ ⑤

名前

1

また、カメラの入ったそうちの周りや上部に(あ)小さな風船をたくさん付け、落ちてくるときの安全性を高めました。そして、予想しない飛行も追えるように、地球上での位置を調べる(い)GPS端末も付けました。

2

こうしてできた四号機は、(う)初めはほぼ予想どおりに飛びましたが、(え)とちゅうから想定外の方向に飛んでいき、(お)最終的には、太平洋沖合いに落ちてしまいました。

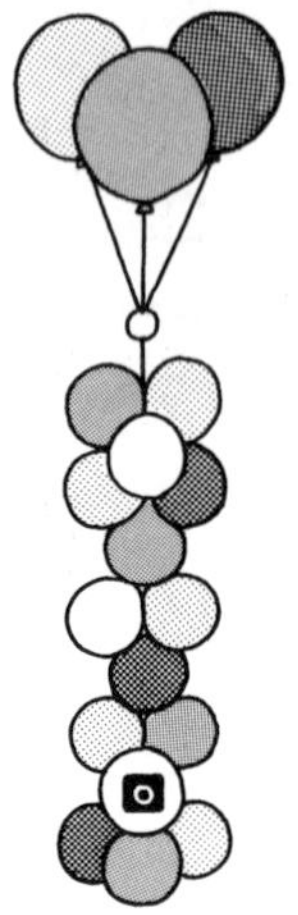

(令和六年度版　光村図書　国語　四年下　はばたき　岩谷　圭介)

上の1・2の文章を読んで、答えましょう。

1 (あ)小さな風船をたくさん付けたり、(い)GPS端末を付けたりしたのは、何のためですか。下から選んで、――線で結びましょう。

(あ) 小さな風船をたくさん　・　　・　予想しないように飛行も追えるようにするため。

(い) GPS端末　・　　・　落ちてくるときの安全性を高めるため。

2 四号機について答えましょう。

① (う)初めはどのように飛びましたか。

② (え)とちゅうから、どんな方向に飛んでいきましたか。

（　　　　）の方向

③ (お)最終的には、どこに落ちてしまいましたか。

説明文

広告を読みくらべよう

名前

1

わたしたちの身の回りには、たくさんの商品のさまざまな広告があります。コマーシャルやポスター、ちらしも広告の一種です。

2

広告は、できるだけ多くの人にその商品を買ってもらうために、商品の特ちょうやすぐれているところを伝える必要があります。多くの人の目にとまることも大切です。そのため、特に、印刷されたポスターやちらしなどのような㋐動かない広告は、キャッチコピー、写真の選び方や使い方、色やデザインなどにくふうがこらされています。

3

また、同じ商品であっても、その商品を売ろうとする相手によって、ちがう広告が作られることもあります。㋑より買いたいと思ってもらうためには、相手に合わせたメッセージを伝えることが大切になるからです。

4

このように、広告には目的があり、作り手の意図がこめられています。つまり、広告は、その意図に合わせて、表し方がくふうされているのです。㋒身の回りの広告を見るときには、その広告の目的や作り手の意図を考えるようにしましょう。

（令和六年度版　東京書籍　新編　新しい国語　四上「広告を読みくらべよう」による）

上の1～4の文章を読んで、答えましょう。

1 (1) わたしたちの身の回りには、どんな広告がありますか。

たくさんの（　　　）の（　　　）広告

(2) 広告の種類を三つ書きましょう。

（　　　）（　　　）（　　　）

2 (1) 広告は、何のために、商品の特ちょうやすぐれているところを伝える必要があるのですか。

できるだけ（　　　）に その商品を（　　　）ため。

(2) ㋐動かない広告とは、どんな広告のことですか。

印刷された（　　　）や（　　　）などのような広告

3 ㋑より買いたいと思ってもらうためには、何を伝えることが大切になりますか。

相手に（　　　）メッセージ

4 ㋒身の回りの広告を見るときには、どんなことを考えるようにすればいいですか。

その広告の（　　　）や 作り手の（　　　）

説明文　数え方を生み出そう①

名前

[1]

日本語の数え方は約五百種類もあるといわれています。

それらの多くは、物の形に注目したり、生物と無生物で別の言い方をしたり、乗り物や道具などを表すときに用いたりする言葉です。

[2]

例えば、えん筆などの細長い物なら「一本」、紙や板のように平べったい物なら「一枚」、ネコのように小さな動物なら「一匹」、石のような無生物なら「一個」、自動車などの乗り物なら「一台」といったぐあいに使い分けています。

これらは、わたしたちが数える物をどう見ているかを㋐決める役わりを果たしています。

※無生物…生命をもたないもの。水や鉱物（石や金）など。

（令和六年度版　東京書籍　新編　新しい国語　四下　飯田朝子）

上の[1]・[2]の文章を読んで、答えましょう。

[1] 日本語の数え方は約何種類あるといわれていますか。

約（　　　）種類

[2] (1) 次の①〜③のものは、どのように数えますか。下から選んで――線で結びましょう。

① 細長い物　・　　・一台

② 乗り物　・　　・一枚

③ 平べったい物　・　　・一本

(2) ネコはどのように数えますか。○をつけましょう。

（　）一個

（　）一匹

(3) ものの数え方は、どんなことを㋐決める役わりを果たしていますか。

わたしたちが（　　　　）を決める役わり。

説明文

数え方を生み出そう ②

名前

1

日本語を正しく使うために
正しい数え方を
身につけることは、
とても大切です。
しかし、それは
わたしたちのものの見方を
(あ)せばめてしまうことも
あります。
ニンジンを見ても
えん筆を見ても、
それらを「本」と
数えるときには、
細長いという特ちょうにしか
(い)目が行かなくなるのです。

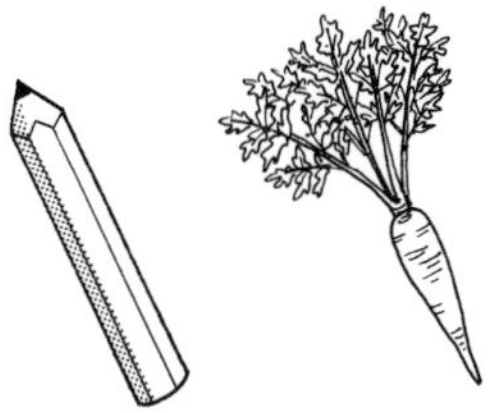

2

改めて気づくのは、日本語の
数え方には、色やにおい、
かたさや手ざわり、温度、味、
古さ、好ききらいなどを
表すものが(う)ほとんどない
ということです。
もし、こういった特ちょうを
表す数え方が生まれたら、
日本語はもっと便利で
表情ゆたかに
なるかもしれません。

（令和六年度版　東京書籍　新編　新しい国語　四下　飯田朝子）

上の1・2の文章を読んで、答えましょう。

1

(1) 正しい数え方を身につけることは、なぜ大切なのですか。

日本語を（　　　　）ため。

(2) 正しい数え方を身につけることで、何を(あ)せばめてしまうことがありますか。

わたしたちの（　　　　）

(3) 「本」と数えるときには、どんな特ちょうにしか、(い)目が行かなくなりますか。○をつけましょう。

（　）平べったいという特ちょう

（　）細長いという特ちょう

2

日本語の数え方には、どんなことを表すものが、(う)ほとんどないのですか。

色や（　　　　）、かたさや（　　　　）、温度、（　　　　）、古さ、（　　　　）などを表すもの。

説明文

数え方を生み出そう③

名前

1

数え方は、今あるものを正しく覚えて使うだけでなく、新しく生み出すことだってできるのです。そんなことができるのかと思うかもしれませんが、日本語の歩みの中では、めずらしいことではありません。

2

例えば、馬のように大きな動物を数える「一頭」は、明治時代に新しく生まれたものです。海外の本に書かれていた、動物を数える「ヘッド」という言葉を、日本の学者たちがヒントにしたのです。

3

「ヘッド」は、英語で「頭」の意味で、動物の頭数を数えるときにせん門家たちが使っていました。それまでの日本語では、馬でもネコでも「一匹」と数えていたので、動物の大きさのちがいを数え方で区別するのは、㋐新しい発想でした。

＊「日本」は「にほん」とも読みます。

（令和六年度版　東京書籍　新編　新しい国語　四下　飯田朝子）

上の1～3の文章を読んで、答えましょう。

1 数え方は、新しく生み出すことができますか。○をつけましょう。

（　）できる

（　）できない

2 (1)「一頭」は、どんな動物を数えるときに使いますか。

□

(2)「一頭」は、海外のどんな言葉を、日本の学者たちがヒントにしましたか。

□という言葉

3 (1)「ヘッド」は英語で、どんな意味ですか。

□の意味

(2) それまでの日本語では、馬でもネコでも、どう数えていましたか。○をつけましょう。

（　）一頭

（　）一匹

(3) どんなことが㋐新しい発想でしたか。

動物の大きさのちがいを（　　　　）こと。

説明文
数え方を生み出そう④

名前

1

その後にも、数え方は生まれ続けています。

2

家は「一軒」と数えますが、マンションなどの大型の集合住たくの場合には、「一棟」と数えることが多いようです。近年は広告などで、ごうかな建物を連想させる「一邸」という言葉も使われています。

3

にぎりずしの「一貫」も、記録によると、江戸時代からあるのではなく、にぎりずしをおいしそうに数えるために、昭和時代の終わりに生まれたもののようです。

※ごうか…とてもはでで、ぜいたくな様子。

（令和六年度版　東京書籍　新編　新しい国語　四下　飯田　朝子）

上の1～3の文章を読んで、答えましょう。

1 その後の数え方について、当てはまる方に○をつけましょう。

（　）なくなり続けている。

（　）生まれ続けている。

2 (1) ①②の建物は、どう数えますか。下から選び、——線で結びましょう。

① 家　・　　・一棟

② 大型の集合住たく　・　　・一軒

(2) 「一邸」という言葉は、どんな建物を連想させますか。

（　　　　）な建物

3 (1) にぎりずしを「一貫」と数えるのは、いつの時代に生まれましたか。

（　）江戸時代

（　）昭和時代の終わり

(2) にぎりずしを「一貫」と数えるのは、どんなことのためですか。

にぎりずしを（　　　　）ため。

言葉　都道府県名の漢字 ①（北海道・東北地方）

名前

● 次の都道府県名の読みがなを（　）に、□に漢字を書きましょう。

① 北海道では、じゃがいもや玉ねぎが生産されています。
（ほっかいどう）

② りんごは、青森県の特産品の一つです。
（　　　　）

③ 岩手県では、わんこそばが有名です。
（　　　　）

④ 宮城県では、有名な七夕のお祭りが行われます。
（　　　　）

⑤ なまはげは、秋田県で行われる行事です。
（　　　　）

⑥ 山形県では、さくらんぼの生産がさかんです。
（　　　　）

⑦ 赤べこは、福島県の工芸品です。
（　　　　）

① ほっかいどう　北海道
② あおもりけん　□□□
③ いわてけん　□□□
④ みやぎけん　□□□
⑤ あきたけん　□□□
⑥ やまがたけん　□□□
⑦ ふくしまけん　□□□

北海道・東北地方

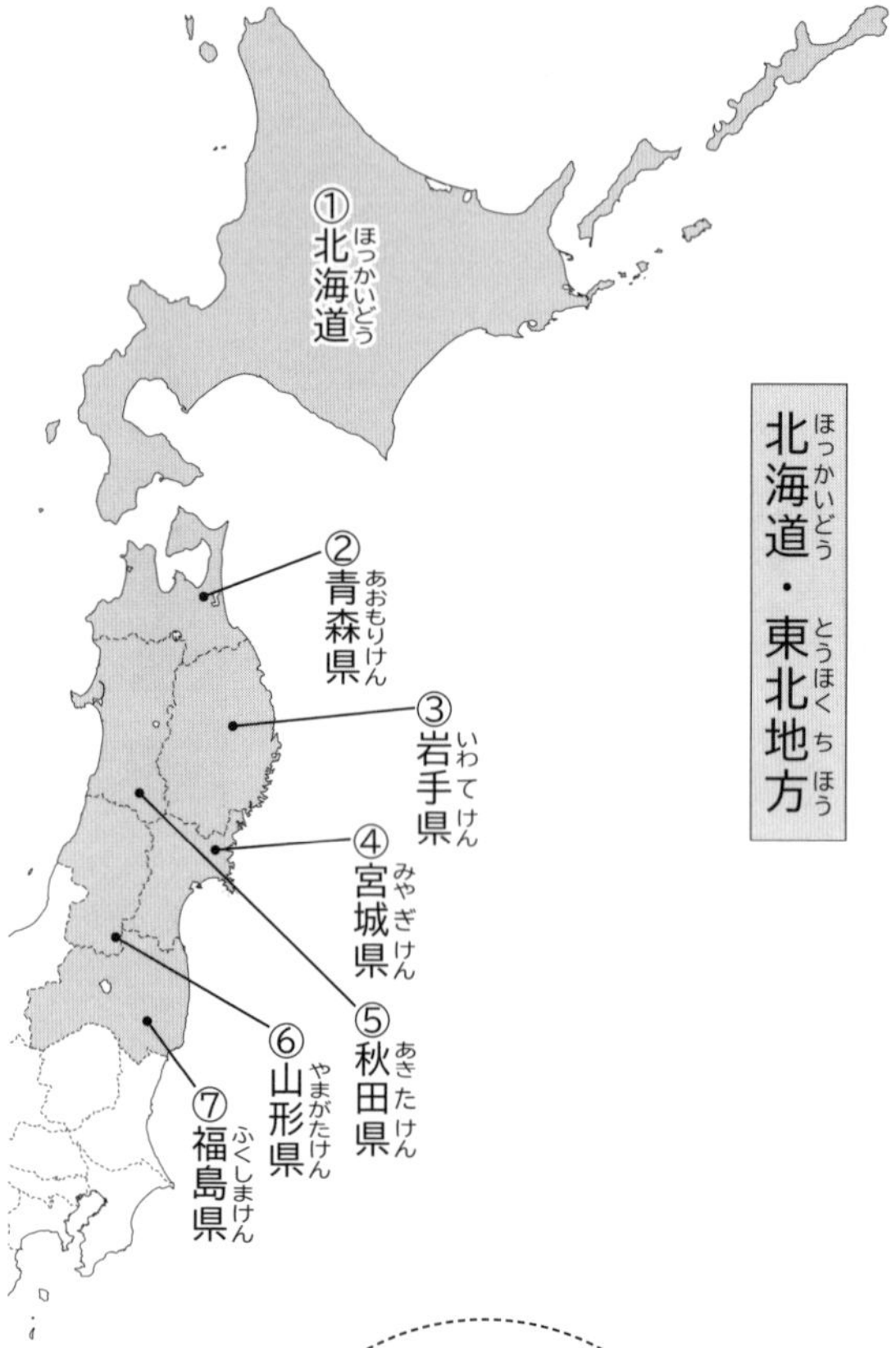

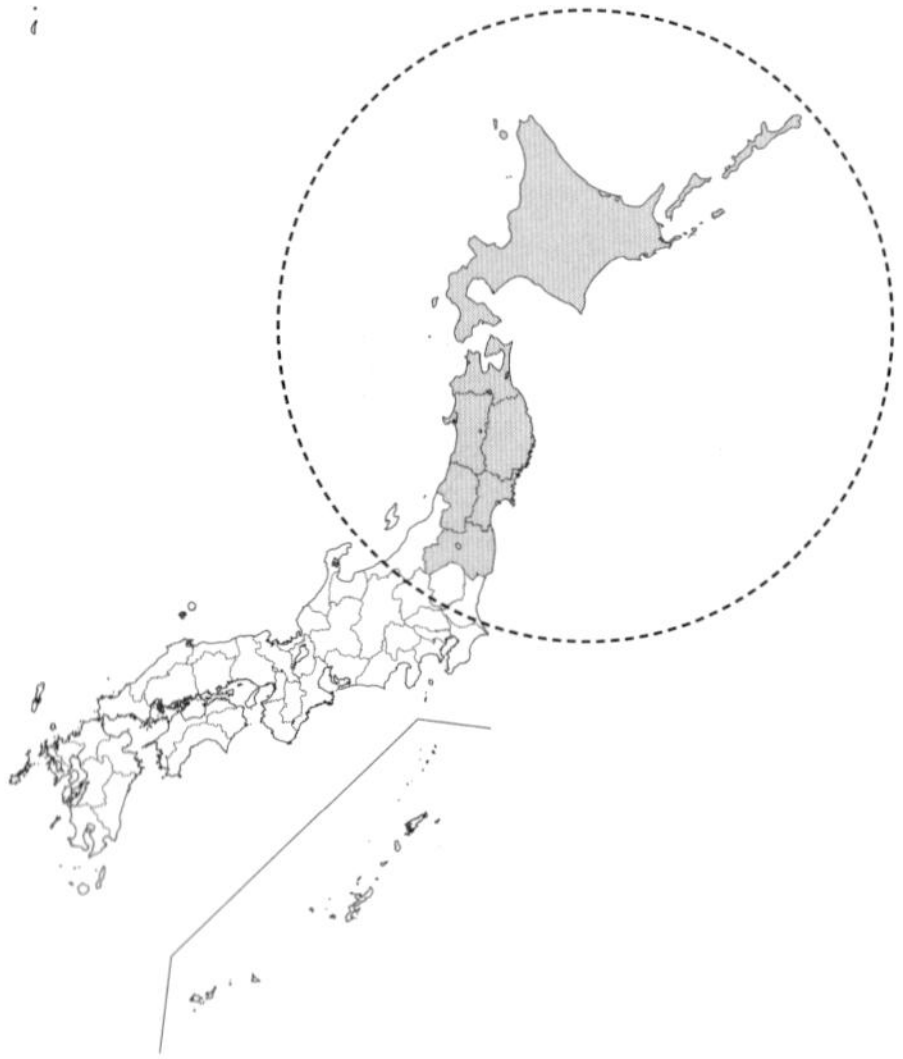

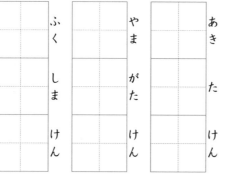

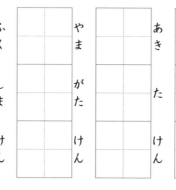

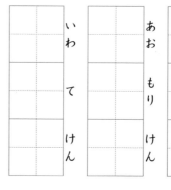

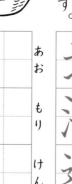

言葉

都道府県名の漢字 ②（関東地方）

名前

● 次の都道府県名の読みがなを（　）に、□に漢字を書きましょう。

① 茨城県では、メロンの生産がさかんです。
（　　　　）
いばらきけん　□□□□

② 栃木県では、いちごが生産されています。
（　　　　）
とちぎけん　□□□□

③ こんにゃくは、群馬県の特産品です。
（　　　　）
ぐんまけん　□□□

④ 埼玉県には、人形作りで有名なちいきがあります。
（　　　　）
さいたまけん　□□□

⑤ 千葉県では、らっかせいが生産されています。
（　　　　）
ちばけん　□□□

⑥ 東京都は、日本の首都です。
（　　　　）
とうきょうと　□□□

⑦ 神奈川県には、大きな港があります。
（　　　　）
かながわけん　□□□□

関東地方

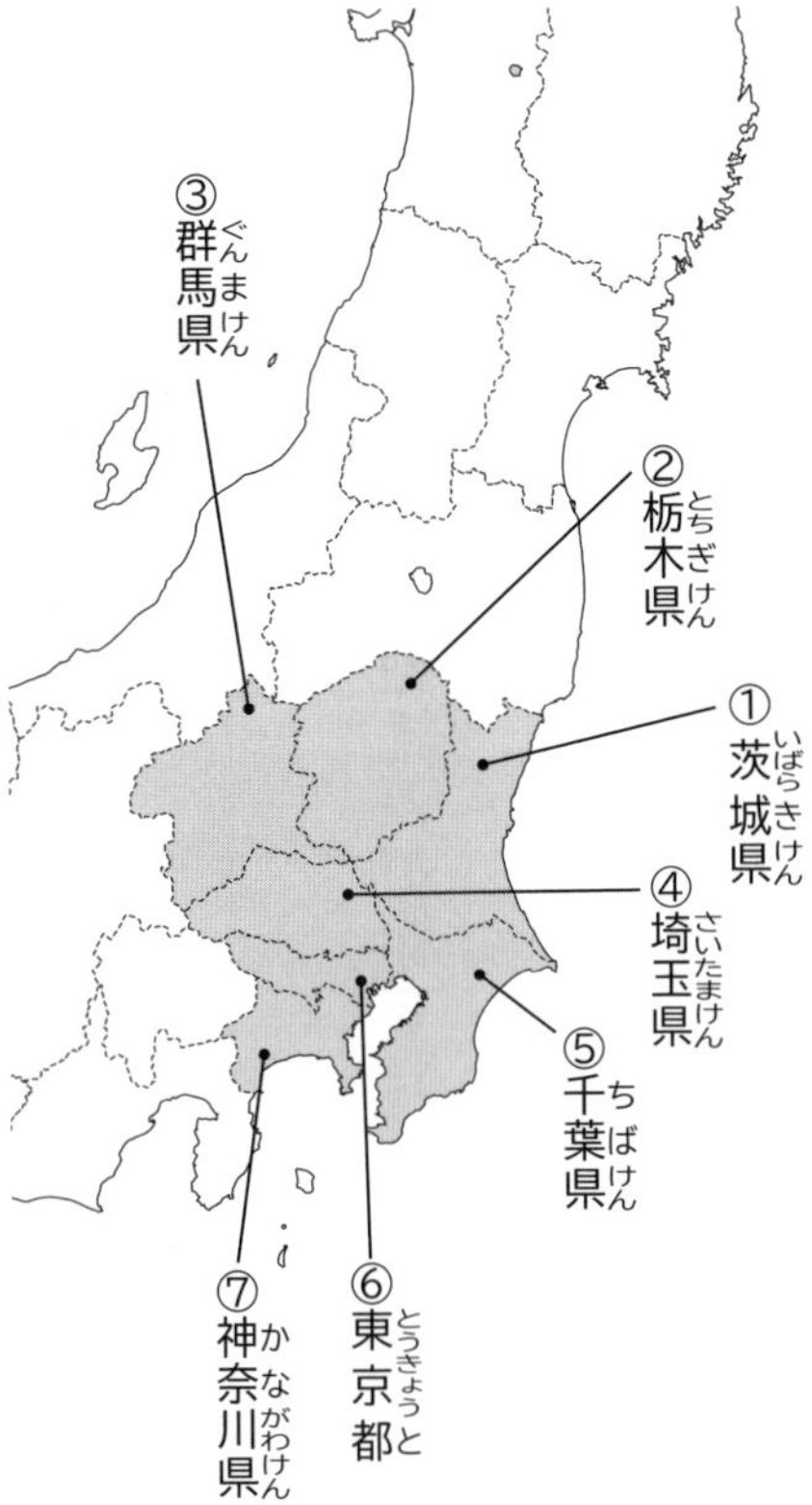

＊「日本」は「にほん」とも読みます。

言葉　都道府県名の漢字 ③（中部地方）

名前

● 次の都道府県名の読みがなを（　）に、□に漢字を書きましょう。

①（　　　）新潟県は、お米の産地です。

②（　　　）富山県には、大きなダムがあります。

③（　　　）石川県で、金ぱくは特産品です。

④（　　　）福井県では、めがね作りがさかんです。

⑤（　　　）山梨県は、ぶどうの産地です。

⑥（　　　）長野県では、きのこの生産量が多いです。

⑦（　　　）岐阜県では、うかいの見学ができます。

⑧（　　　）静岡県から、富士山がよく見えます。

⑨（　　　）愛知県では、みそを使った料理が人気です。

にいがたけん □□□

とやまけん □□□

いしかわけん □□□

ふくいけん □□□

やまなしけん □□□

ながのけん □□□

ぎふけん □□□

しずおかけん □□□

あいちけん □□□

中部地方

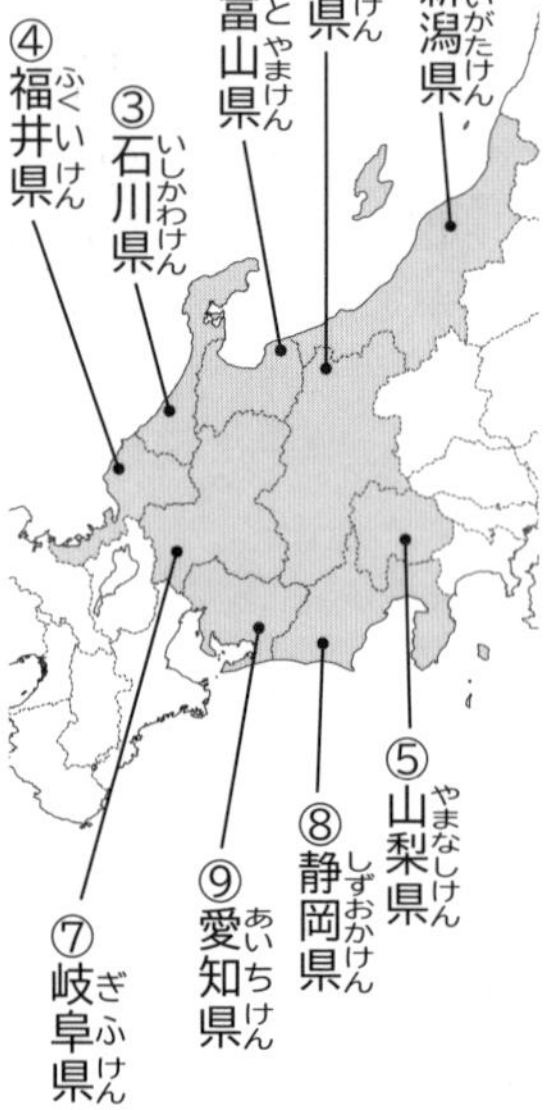

言葉　都道府県名の漢字 ④（近畿地方）

名前

● 次の都道府県名の読みがなを（　）に、□に漢字を書きましょう。

① 伊勢神宮は、三重県にある。（　　）　みえけん

② 滋賀県には、日本一大きな湖、琵琶湖がある。（　　）　しがけん

③ 清水寺は、京都府の有名なお寺です。（　　）　きょうとふ

④ たこやきやおこのみやきは、大阪府の名物だ。（　　）　おおさかふ

⑤ 姫路城は、兵庫県にある。（　　）　ひょうごけん

⑥ 大仏を見に、奈良県に行く。（　　）　ならけん

⑦ 和歌山県の梅干しは、有名だ。（　　）　わかやまけん

近畿地方

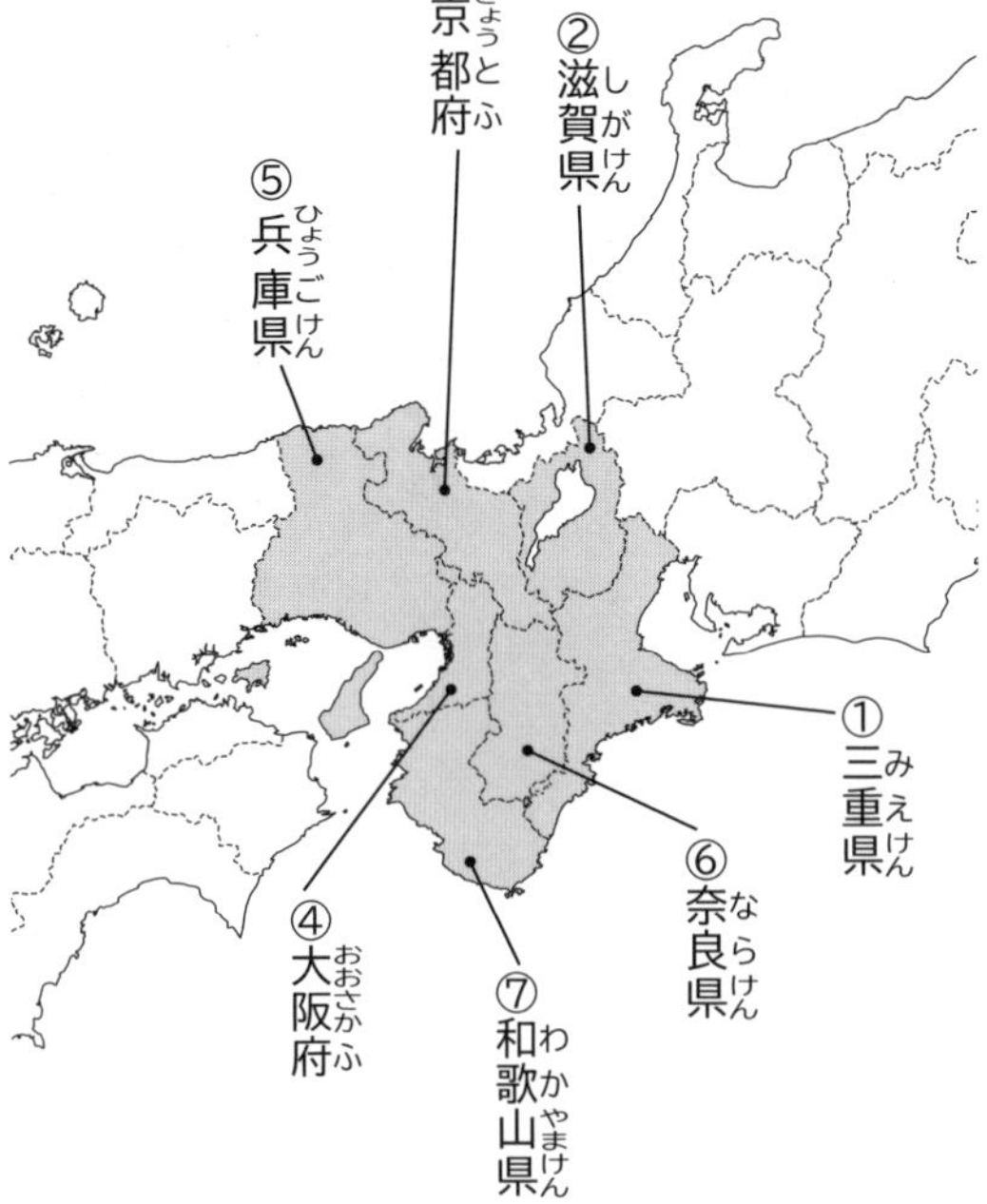

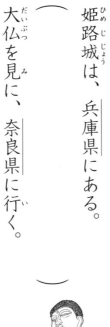

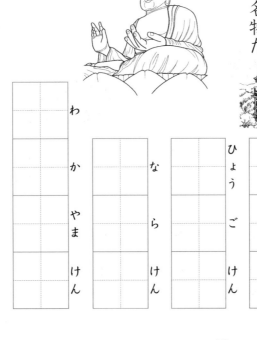

言葉

都道府県名の漢字⑤（中国・四国地方）

名前

● 次の都道府県名の読みがなを（　）に、□に漢字を書きましょう。

①（　　）鳥取県には、広いさきゅうがある。

②（　　）島根県には、シジミがたくさんとれる湖がある。

③（　　）岡山県は、マスカットの産地として有名だ。

④（　　）広島県では、カキのようしょくがさかんだ。

⑤（　　）山口県で、ふぐ料理をたべた。

⑥（　　）徳島県に、阿波おどりを見に行く。

⑦（　　）香川県は、うどんで有名だ。

⑧（　　）今治タオルは愛媛県の特産品だ。

⑨（　　）高知県で、カツオのたたきを食べた。

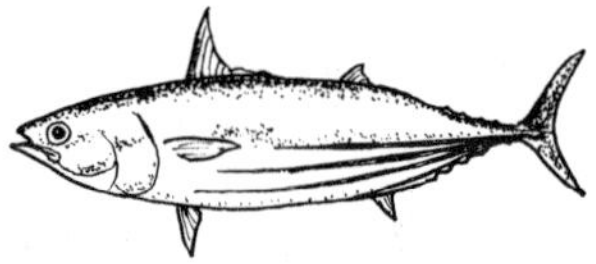

とっとりけん	しまねけん	おかやまけん	ひろしまけん	やまぐちけん	とくしまけん	かがわけん	えひめけん	こうちけん

中国・四国地方

言葉

都道府県名の漢字⑥（九州・沖縄地方）

名前

● 次の都道府県名の読みがなを（　）に、□に漢字を書きましょう。

①（　　　）福岡県で、とんこつラーメンを食べた。

②（　　　）佐賀県は、有田焼で有名だ。

③（　　　）長崎県で、おみやげにカステラを買った。

④（　　　）熊本県は、トマトの生産量が多い県である。

⑤（　　　）大分県で温泉をめぐる。

⑥（　　　）宮崎県で、チキンなんばんが生まれた。

⑦（　　　）鹿児島県の桜島は、活火山だ。

⑧（　　　）沖縄県で海にもぐって、サンゴを見た。

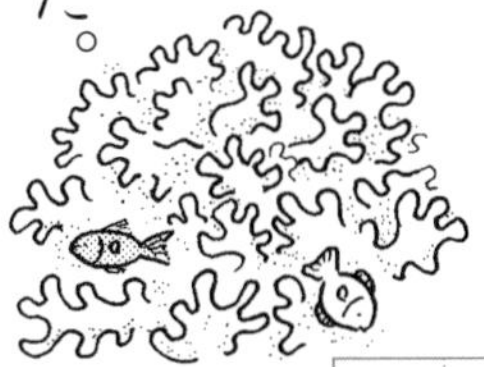

ふくおかけん □□□

さがけん □□□

ながさきけん □□□

くまもとけん □□□

おおいたけん □□□

みやざきけん □□□

かごしまけん □□□□

おきなわけん □□□

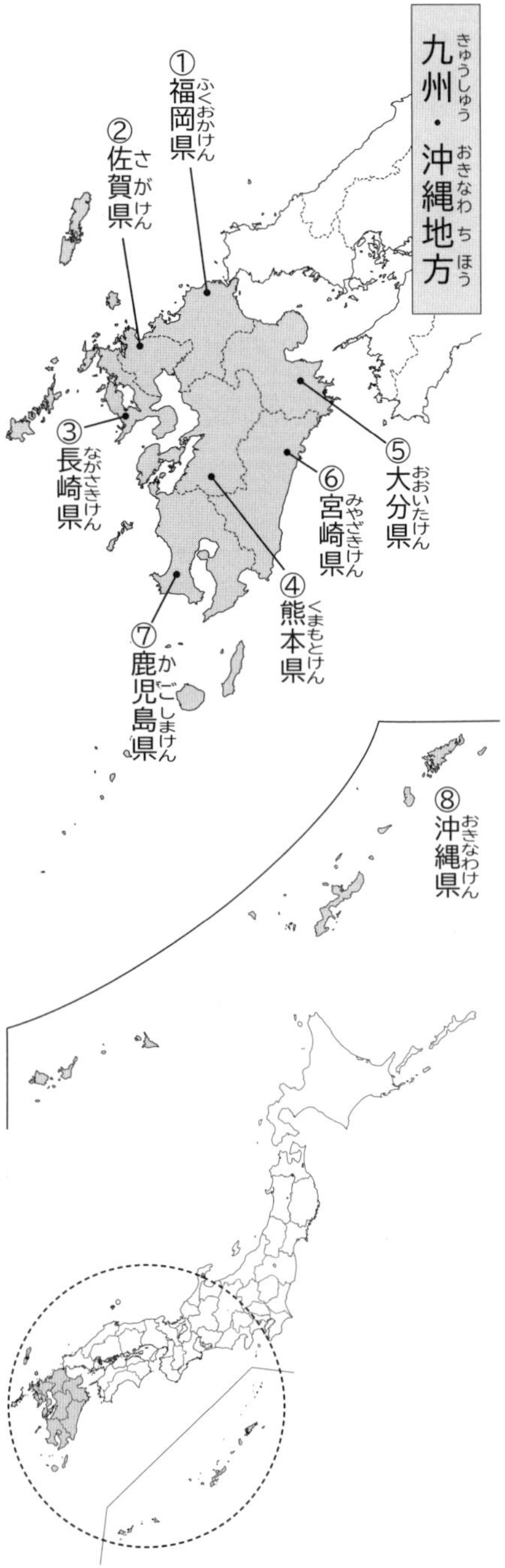

言葉

都道府県名のローマ字①

名前

(1) 次の都道府県名のローマ字をなぞりましょう。都道府県名を〔　〕にひらがなで書きましょう。

① 北海道

Hokkaidô

〔 ほっかいどう 〕

② 東京都

Tôkyô-to

〔　　　　　　〕

③ 兵庫県

Hyôgo-ken

〔　　　　　　〕

(2) ローマ字には、書き方が二つあるものがあります。ローマ字をなぞりましょう。
都道府県名を〔　〕にひらがなで書きましょう。

① 福島県

Hukusima-ken

Fukushima-ken

〔 ふくしまけん 〕

② 愛知県

Aiti-ken

Aichi-ken

〔　　　　　　〕

③ 京都府

Kyôto-hu

Kyôto-fu

〔　　　　　　〕

④ 徳島県

Tokusima-ken

Tokushima-ken

〔　　　　　　〕

⑤ 鹿児島県

Kagosima-ken

Kagoshima-ken

〔　　　　　　〕

書き方が二つある
都道府県名を
さがしてみよう。

言葉

都道府県名のローマ字 ②

名前

(1) 次の都道府県名のローマ字をなぞりましょう。読み方を、〔　〕にひらがなで書きましょう。

① 岩手県

Iwate-ken

〔 いわてけん 〕

② 和歌山県

Wakayama-ken

〔　　　　〕

③ 鳥取県

Tottori-ken

〔　　　　〕

④ 千葉県

Tiba-ken

Chiba-ken

〔　　　　〕

⑤ 石川県

Isikawa-ken

Ishikawa-ken

〔　　　　〕

(2) あなたが住んでいる都道府県名を、書いてみましょう。

① ひらがなで書きましょう。

② 漢字で書きましょう。

③ ローマ字で書きましょう。

※書き方が二つあるときは二つ書いてみましょう。

※児童に取り組ませる前に、必ず先生が問題を解いてください。本書の解答や指導にあたっては、あくまで１つの例です。児童の多様な考えに寄り添って、〇つけをお願いします。

解答例

※ワークシートと解答例は、学習する児童の実態にあわせて拡大してお使いください。

6頁

物語 二文の文章を読み取ろう ①

名前

1
きのう、三さいになった
弟の光男をつれて、
公園へ遊びに行きました。
公園が大好きな弟は、
ブランコにのったり、
すべり台を何回も
すべったり、おおはしゃぎで、
遊び回っていました。

2
学きゅう園で育てていた
チューリップとヒヤシンスの
花が、きのう、いっせいに
開きました。
チューリップは、
赤と黄色と白の三色、
ヒヤシンスは、
赤とむらさきの二色で、
どれもとてもきれいに
さきました。

1の文章を読んで、答えましょう。

(1) 弟は①何さいですか。弟の②名前も書きましょう。
① 何さい　三さい
② 名前　光男

(2) 弟は何で遊びましたか。二つに〇をつけましょう。
（　）ジャングルジム　（〇）ブランコ
（〇）すべり台　（　）すな場

2の文章を読んで、答えましょう。

(1) 何の花が開きましたか。二つ答えましょう。
※順不同
チューリップ　ヒヤシンス

(2) 花はどこで、いつ、開きましたか。
① どこで　学きゅう園
② いつ　きのう

(3) チューリップとヒヤシンスのどちらにもある色一つに〇をつけましょう。
（〇）赤　（　）白　（　）むらさき

(4) どのようにさきましたか。
とても（きれいに）さきました。

7頁

物語 二文の文章を読み取ろう ②

名前

1
ゆずきさんは、
学校からの帰り、
畑のそばで
小さな白い花が
さいている
ぺんぺん草を見つけました。
家に着いて、
とってきたぺんぺん草を
お母さんに見せると、
「かわいい花ね。
ぺんぺん草はナズナと言って、
春の七草のひとつですよ。」
と、教えてくれました。

2
ゆずきさんが、お母さんに
春の七草の名前を
㋐たずねると、
その中に「すずな」と
「すずしろ」という
変わった名前が
ありました。
㋑この二つは、どんな草花だろうと
思って、図かんで調べると、
すずなはカブで、すずしろは
ダイコンのことだとわかりました。

1の文章を読んで、答えましょう。

(1) ①だれが、②いつ、③どこで、④何を見つけたのですか。
① だれが　（ゆずき）さんが
② いつ　（学校）からの帰り
③ どこで　（畑）のそばで
④ 何を　（ぺんぺん草）を見つけました。

(2) 1の文章に当てはまる文に〇をつけましょう。
（〇）ぺんぺん草とナズナは、同じ草花です。
（　）ぺんぺん草は、春の七草ではありません。

2の文章を読んで、答えましょう。

(1) ゆずきさんは、お母さんに何を㋐たずねましたか。
（春の七草）の名前

(2) ㋑この二つとは、何の草花のことですか。二つ書きましょう。
すずな　すずしろ

(3) ※順不同
①すずなと②すずしろは、何のことでしたか。
① すずな　カブ
② すずしろ　ダイコン

8頁

物語 二文の文章を読み取ろう ③

名前

1
ひとしの自転車は、兄からの
おさがりで、こぐたびに
ギイギイと音をたてる。
それでも、入道雲が
わき立つような暑い夏に
公園へ遊びに行くとき、
自転車があるのは
うれしかった。

2
となりに住むおじさんから、
むかしはこの近所の小川に、
メダカやゲンゴロウや
ミズスマシがいたんだよと
聞いた。
こう水にならないように、
川岸をコンクリートで
かためてしまったから、
それらの生き物は
すむことが
できなく
なったらしい。

1の文章を読んで、答えましょう。

(1) ひとしの自転車は、どんな音をたてますか。
ギイギイ

(2) ひとしが、自転車があるのはうれしいと思うのは、どこへ遊びに行くときですか。
公園

2の文章を読んで、答えましょう。

(1) むかし、小川にいた生き物を三つ書きましょう。
※順不同
メダカ　ゲンゴロウ　ミズスマシ

(2) むかし、小川にいた生き物がすむことができなくなったのは、なぜですか。
こう水にならないように、（川岸）を（コンクリート）でかためてしまったから。

9頁

物語 三文の文章を読み取ろう ①

名前

1
日曜日の朝から
家族みんなで
自動車にのって
楽しみにしていた
かんこうぼく場に
行ってきました。

2
ぼく場に着くと
真っ先に羊を見に行って、
わたしは、
妹と弟と㋐三人で
えさやりの
体験をしました。

3
つぎに、ポニーの
ぼく場に行き、
ここでは、わたしと
弟は乗馬体験をしましたが、
妹は馬に乗るのを
こわがってできませんでした。

上の1〜3の文章を読んで、答えましょう。

1 ①いつ、②だれが、③どこに行きましたか。
① いつ　（日曜日）の朝から
② だれが　家族みんな
③ どこに　かんこうぼく場

2
(1) 真っ先に何を見に行きましたか。一つに〇をつけましょう。
（　）ヤギ　（　）ポニー　（〇）羊

(2) ㋐三人とは、だれのことですか。
※順不同
わたし　妹　弟

3
(1) 乗馬体験ができなかったのは、だれですか。
妹

(2) 妹はなぜ乗馬体験ができなかったのですか。〇をつけましょう。
馬に乗るのが
（〇）こわかったから。
（　）きらいだったから。
（　）すきだったから。

※児童に取り組ませる前に、必ず先生が問題を解いてください。本書の解答や指導にあたっては、あくまで１つの例です。児童の多様な考えに寄り添って、○つけをお願いします。

解答例

※ワークシートと解答例は、学習する児童の実態にあわせて拡大してお使いください。

10頁

物語　三文の文章を読み取ろう ②

名前

1
「セミは、成虫になってから一週間から一か月ぐらいしか生きられないから、セミの命は短いんだよ。」と、ゆみのおじさんは、言っていた。

2
セミは、よう虫のすがたで、約七年間も、土の中ですごすらしい。

3
多くのこん虫は、たまごから成虫になって、一年ほどで死んでしまうということを考えると、ゆみは、よう虫のすがたで、何年も生きているセミは、こん虫の中では長生きだと、思った。

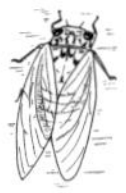

上の1～3の文章を読んで、答えましょう。

1 (1) セミは、成虫になってから、どのぐらい生きますか。
（一週間）から（一か月）ぐらい。

(2) おじさんは、セミの命について、何と言っていましたか。
セミの命は（短い）んだよ。

2 セミは、①よう虫のすがたで、約何年間、②どこですごしますか。
① 約何年間
約（七年）間
② どこで
土の中

3 (1) 多くのこん虫は、何年ほどで死んでしまいますか。
（一年）ほど

(2) ゆみは、セミについてどう思ったのですか。
こん虫の中では（長生き）だと思った。

10

11頁

物語　四文の文章を読み取ろう ①

名前

1
きのうのほうか後、運動場で遊んでいるとき、こう太くんが、急に
㋐「ぼく、こんどの日曜日に引っこしするんだ。」
と言った。

2
㋑ぼくは、おどろいて、
「ええっ、本当なの…」
と言ったきり、つぎの言葉が出てこなかった。

3
「かず男と分かれるのはいやなんだけど、お父さんの仕事のつごうでしかたがないんだ。」
と、こう太くんはさみしそうに言った。

4
ぼくは、何をすればよいか分からなくて、③考えたすえに大事にしていたカードをせんべつとして、あげることにした。

※せんべつ…旅に出る人や別れる人におくる、お金や品物。

上の1～4の文章を読んで、答えましょう。

1 こう太くんは、①いつ、②何をすると言いましたか。
① いつ
こんどの（日曜日）
② 何を
（引っこし）する

2 ㋐ぼくと㋑ぼくの名前を書きましょう。
（1と3の文章も読んで、答えましょう。）
㋐ こう太
㋑ かず男

3 こう太は、なぜ引っこしをするのですか。一つに○をつけましょう。
（　）かず男とはなれたいから。
（○）お父さんの仕事のつごうがあるから。
（　）いなかへ行って、くらすから。

4 ぼくは、③考えたすえに、何をあげることにしましたか。
（大事）にしていた（カード）

11

12頁

物語　四文の文章を読み取ろう ②

名前

1
きのうのあらして、砂浜に、マンボウが打ち上げられているという話を聞いたので、しゅんは急いで砂浜へ出かけた。

2
砂浜には、全長が二メートルぐらいのマンボウが横たわっていて、魚はかせと言われている人が調べていた。

3
㋐その人の話によると、死んだマンボウはもう二十さいぐらいだろうということだった。

4
マンボウは、三億こ以上のたまごを産むが、その中で生きのこる子どもの数はわずかだから、このとしまで生きていたマンボウは、その中でも㋑運のいい方だということだった。

上の1～4の文章を読んで、答えましょう。

1 (1) マンボウが砂浜に打ち上げられたのは、なぜですか。
きのう（あらし）だったから。

(2) しゅんが急いで砂浜へ出かけたのは、なぜですか。
砂浜に（マンボウ）が（打ち上げられている）という話を聞いたから。

2 砂浜に打ち上げられたマンボウの全長は何メートルぐらいですか。
二メートルぐらい

3 ㋐その人とは、何はかせと言われている人ですか。
魚 はかせと言われている人

4 ㋑このとしまで生きていたマンボウは、運のいい方だとありますが、なぜですか。
マンボウは（三億こ）以上の（たまご）を産むが、その中で（生きのこる）子どもの数は（わずか）だから。

12

13頁

物語　五文の文章を読み取ろう ①

名前

1
メジロが二羽花のみつをすいににわのさくらの木にやってきました。

2
メジロは、あざやかな黄緑色の小鳥で、目のまわりに白いふちどりがあるからこの名前がつきました。

3
二羽のメジロは、いそがしそうに花から花へととびうつりながら、㋐むちゅうになってみつをすっています。

4
ときどき、さかさまにぶら下がってみつをすうすがたがとてもかわいいなと思います。

5
スマホのカメラで写真をとろうと、そっと近づくとパッと、とんでにげました。

上の1～5の文章を読んで、答えましょう。

1 メジロは、どこにやってきましたか。
にわのさくらの木

2 なぜメジロというのですか。
（目）のまわりに（白いふちどり）があるから。

3 メジロは、㋐むちゅうになって、何をしていますか。○をつけましょう。
（○）みつをすっている。
（　）花から花へととびうつっている。

4 どんなすがたがかわいいのですか。
（さかさまにぶら下がって）みつをすうすがた。

5 (1) 何で写真をとろうとしたのですか。
スマホのカメラ

(2) メジロはどうしましたか。
パッと、（とんでにげました）。

13

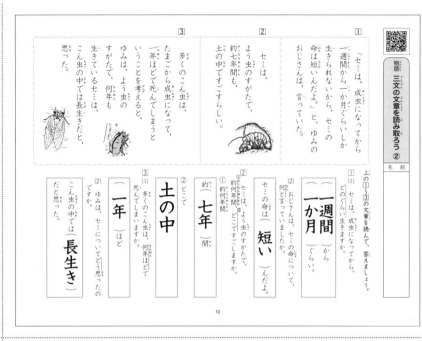

解答例

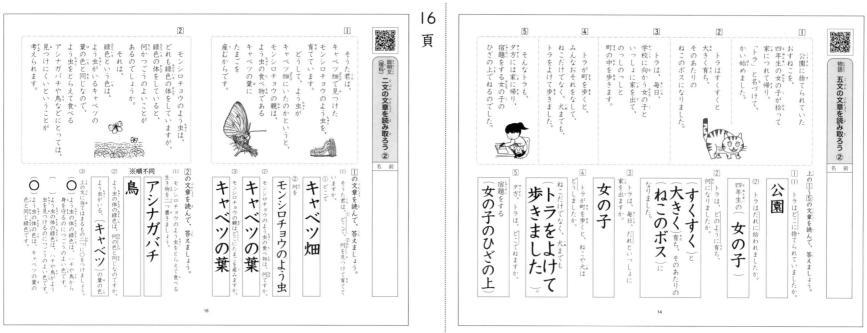

※ワークシートと解答例は、学習する児童の実態にあわせて拡大してお使いください。

14頁

物語 五文の文章を読み取ろう ②

名前

1 公園に捨てられていた おすねこを、四年生の女の子が拾って 家につれて帰り、「トラ」と名づけて、かい始めました。

2 トラはすくすくと 大きく育ち、そのあたりの ねこのボスになりました。

3 トラは、毎日、学校に向かう女の子と いっしょに家を出て、のっしのっしと 町の中を歩きます。

4 トラが町を歩くと、みんなおそれをなして、ねこだけでなく、犬までも、トラをよけて歩きました。

5 そんなトラも、夕方には家に帰り、宿題をする女の子の ひざの上でねるのでした。

上の1～5の文章を読んで、答えましょう。

1 (1) トラはどこに捨てられていましたか。
公園

(2) トラはだれに拾われましたか。
四年生の（女の子）

2 トラは、どのように育ち、何になりましたか。
（すくすく）と（大きく）育ち、そのあたりの（ねこのボス）になりました。

3 トラは、毎日、だれといっしょに家を出ますか。
女の子

4 トラが町を歩くと、ねこや犬はどうしましたか。
ねこだけでなく、犬までも（トラをよけて歩きました）。

5 夕方、トラは、どこでねますか。
宿題をする（女の子のひざの上）

15頁

説明文（社会） 二文の文章を読み取ろう ①

名前

1 わたしたちが毎日使っている 水道水は、川、ダム、地下水など、さまざまなところから 取り入れられています。
それらの水は、浄水場でごみや 体に悪いものなどをとりのぞき、安全できれいな水になって、わたしたちの家に送られてきます。

2 使われてよごれた水は、川や海などに直接流さないで、下水道を通って、下水処理場に 集められます。
下水処理場では、砂や ごみなどのよごれをとりのぞき、消どくして、きれいになった水を 川や海などに 流しています。

1の文章を読んで、答えましょう。

(1) 水道水はどこから取り入れていますか。三つ書きましょう。 ※順不同
川
ダム
地下水

(2) 浄水場では、何を取りのぞいていますか。
ごみや体に悪いもの（など）

(3) 浄水場でどんな水になって、家に送られてくるのですか。
（安全）で（きれい）な水

2の文章を読んで、答えましょう。

(1) 使われてよごれた水は、どこを通って どこに集められますか。
（下水道）を通って（下水処理場）に集められます。

(2) 下水処理場では、何をしますか。
（砂）や（ごみ）などのよごれをとりのぞき、（消どく）をする。

(3) きれいになった水をどうしますか。〇をつけましょう。
（　）もういちど水道水として使う。
（〇）川や海などに流す。

16頁

説明文（理科） 二文の文章を読み取ろう ②

名前

1 そうた君は、キャベツ畑で見つけた モンシロチョウのよう虫を、育てています。
どうして、よう虫が キャベツ畑にいたのかというと、モンシロチョウの親は、よう虫の食べ物である キャベツの葉に たまごを 産むからです。

2 モンシロチョウのよう虫は、どれも緑色の体をしていますが、緑色の体をしていると、何かつごうのよいことが あるのでしょうか。
それは、緑色という色は、よう虫がいるキャベツの 葉の色と同じなので、よう虫をとらえて食べる アシナガバチや鳥などにとっては、見つけにくいということが 考えられます。

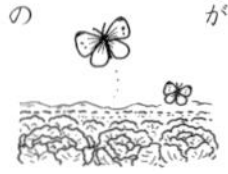

1の文章を読んで、答えましょう。

(1) そうた君は、①どこで、②何を見つけて育てていますか。
① どこで
キャベツ畑
② 何を
モンシロチョウのよう虫

(2) モンシロチョウのよう虫の食べ物は、何ですか。
キャベツの葉

(3) モンシロチョウの親はどこにたまごを産みますか。
キャベツの葉

2の文章を読んで、答えましょう。

(1) モンシロチョウのよう虫をとらえて食べる生き物を二つ書きましょう。 ※順不同
アシナガバチ
鳥

(2) よう虫の体の緑色は、何の色と同じなのですか。
よう虫がいる、（キャベツ）の葉の色

(3) 上の文に当てはまるもの二つに〇をつけましょう。
（〇）よう虫の体の緑色は、ハチや鳥から身を守るのにつごうのよい色です。
（　）よう虫の体の緑色は、ハチや鳥がよう虫を見つけるのにつごうのよい色です。
（〇）よう虫の体の色は、キャベツの葉の色と同じ緑色です。

17頁

説明文（社会） 三文の文章を読み取ろう ①

名前

1 わたしのまちでは、ごみは「もえるごみ」「しげんごみ」「大がたごみ」「もえないごみ」の 四種類に 分別して出します。

2 もえるごみは、しゅう集車で集められ、清そう工場に 運ばれて もやされ、もえないごみは、うめ立てられます。

3 ペットボトル、ガラスびん、アルミかんなどに分けて 集められたしげんごみや、大がたごみは、リサイクルセンターに運ばれ、ほかのものに生まれ変わります。

上の1～3の文章を読んで、答えましょう。

1 「もえるごみ」「もえないごみ」のほかに、どんな種類がありますか。二つ書きましょう。 ※順不同
しげんごみ
大がたごみ

2 「もえるごみ」「もえないごみ」は、どうされますか。――線で結びましょう。
① もえるごみ
② もえないごみ
・うめたてられる。
・川にすてられる。
・もやされる。

3 (1) しげんごみはどのように集められますか。（　）に当てはまる言葉を□からえらんで書きましょう。
まとめて　分けて
アルミかん　ガラスびん
ペットボトル、（ガラスびん）、（アルミかん）などに（分けて）集められる。 ※順不同

(2) しげんごみや、大がたごみは、リサイクルセンターで何に生まれ変わりますか。
ほかのもの

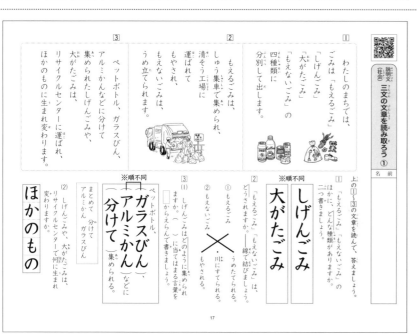

※児童に取り組ませる前に、必ず先生が問題を解いてください。本書の解答や指導にあたっては、あくまで１つの例です。児童の多様な考えに寄り添って、○つけをお願いします。

解答例

※ワークシートと解答例は、学習する児童の実態にあわせて拡大してお使いください。

18頁

説明文（理科）三文の文章を読み取ろう②

名前

① わたしたちが食べる おにぎりには よくノリが まいてありますが、 このノリとは、いったい、 どういうものなのでしょうか。

② このノリの正体は、 海の中の岩などに生えている 海草のひとつで、 それを加工して うすい紙のような形に したものが、 わたしたちが食べている ノリなのです。

③ 食用とされている海草には、 ノリのほかにもワカメや コンブなどがあり、 ワカメはみそしるなどに、 コンブは、つくだにとして、 また、だしを 取るときにも よく使われています。

上の①～③の文章を読んで、答えましょう。

① おにぎりには、何がまいてありますか。

ノリ

② ノリの正体は何ですか。

海の中の岩などに生えている（海草）のひとつ。

③ (1) 食用とされている海草を文中からさがして三つ書きましょう。 ※順不同

ノリ　ワカメ　コンブ

(2) 正しい方に○をつけましょう。

（　）ノリは、海草ではない。

（○）ノリは、海草のひとつである。

①～③の文章全体を読んで、①②③で答えましょう。

(1) 読む人に問いかけている（たずねている）文章は①～③のどの文章ですか。

1

(2) 問いかけに答えている文章は、①～③のどの文章ですか。

2

19頁

説明文（理科）三文の文章を読み取ろう③

名前

① 多くの植物は、 自分のなかまを残すために、 できるだけ広く 種をまきちらします。

② たとえば、 タンポポや ヒメジョオンなどは、 風を利用して ずいぶん遠くまで 種を飛ばしています。

③ また、ホウセンカや カタバミなどの実は、 じゅくすとはじけて、 実の中にあった種が はじけ飛んで ちらばるように なっています。

上の①～③の文章を読んで、答えましょう。

① (1) 多くの植物が、できるだけ広く種をまきちらすのは、何のためですか。

自分の［なかま］を残すため。

(2) ①の文の①主語と②述語を書きましょう。

①主語 （植物）は

②述語 まきちらします

② 風を利用して種を飛ばす植物を、文中からさがして二つ書きましょう。 ※順不同

タンポポ　ヒメジョオン

③ 実がはじけて種を飛ばしている植物を、二つ書きましょう。 ※順不同

ホウセンカ　カタバミ

20頁

説明文（社会）四文の文章を読み取ろう①

名前

① 日本の各地で、大雨、大雪、 地しん、ぼう風、高潮や津波、 火山ふん火などさまざまな 自然さい害が起こり、 大きな被害を もたらすことが あります。

② 日本は、地しんが 特に多く発生する国で、 東日本大しんさいのような 大きな地しんが 起こったことが あります。

③ 風水害も多く、 台風によるぼう風で、 物がたおれたりふきとばされ、 大雨でこう水や土砂くずれが 起こることもあります。

④ 自然さい害にそなえて、 ハザードマップを作る、 ひなん訓練をする、水や食料を びちくするなどさまざまな 取り組みがされています。

※びちく（備蓄）…万一にそなえて、たくわえておくこと。
＊「日本」は「にほん」とも読みます。

上の①～④の文章を読んで、答えましょう。

① 大雨、大雪、高潮や津波以外の日本の各地で起こる自然さい害を三つ書きましょう。 ※順不同

地しん　ぼう風　火山ふん火

② 日本で起こった大きな地しんを文中からさがして書きましょう。

東日本大しんさい

③ ぼう風や大雨でどんな被害がありますか。――線で結びましょう。

ぼう風 ・　　・よう岩がながれ出る。

大雨 ・　　・こう水や土砂くずれ

　　　　　　・物がふきとばされる。

④ 自然さい害にそなえてされる取り組み三つに○をつけましょう。

（○）ひなん訓練をする。

（　）横だん歩道をつくる。

（○）ハザードマップを作る。

（　）まどを開けて空気を入れかえる。

（○）水や食料をびちくする。

21頁

説明文（理科）四文の文章を読み取ろう②

名前

① トライアングルを ぼうでたたくと、 チーンという音が鳴ります。

② そして、音が出ている トライアングルを 手でさわると、 ビリビリした感じが 伝わってきます。

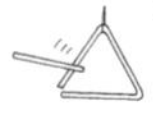

③ また、シンバルをたたくと、 ジャーンという音が出ますが、 鳴っているシンバルに そっと手を当てると、 同じように、 シンバルの ビリビリした ふるえが感じとれます。

④ このように、 音が出ているときには、 そのものが細かく速くふるえて いるのであり、 この速いふるえが、 耳には音として 聞こえているのです。

上の①～④の文章を読んで、答えましょう。

① トライアングルをぼうでたたくと、どんな音が鳴りますか。

（チーン）という音が鳴ります。

② 音が出ているトライアングルを手でさわると、どんな感じが伝わってきますか。

（ビリビリ）した感じ。

③ (1) シンバルのビリビリした何が感じとれますか。

ふるえ

(2) 鳴っているシンバルに手を当てると、どんなことがたしかめられますか。

（音）が出ているとき、（シンバル）がふるえていること。

④ 耳に音として聞こえるものは何ですか。○をつけましょう。

（　）おそいふるえ

（○）速いふるえ

※児童に取り組ませる前に、必ず先生が問題を解いてください。本書の解答や指導にあたっては、あくまで１つの例です。児童の多様な考えに寄り添って、○つけをお願いします。

解答例

※ワークシートと解答例は、学習する児童の実態にあわせて拡大してお使いください。

22 頁

説明文（理科） 四文の文章を読み取ろう ③

名前

1
ツバメは、秋から冬の間は、マレーシアなど南のあたたかい国でくらしていますが、春になると、たまごをうみ、子どもを育てるために、㋐日本にやってくるわたり鳥です。

2
㋑今年の春も、ひろし君の家には、ツバメがやってきて、のきの下に、どろやかれ草を運んできて巣を作りました。

3
それから、しばらくたったある日、ひろし君が学校から帰ってくると、のきの方から㋒「チーチー」という声が聞こえたので、見上げると、たまごからかえったひなが、巣の中で口を開けて鳴いています。

4
しばらく見ていると、㋓親鳥が飛んできて、つかまえてきたイトトンボかカゲロウのようなえさとなる虫を、口うつしでひなに食べさせ、またどこかへ飛んでいきました。

＊「日本」は「にほん」とも読みます。

上の1～4の文章を読んで、答えましょう。

1
(1) ツバメは、秋から冬の間は、どこでくらしていますか。

マレーシアなど（南のあたたかい国）

(2) ㋐日本にやってくるのですか。ツバメは何をするために日本にやってくるのですか。

（たまご）をうみ（子ども）を育てるため。

2
(1) ㋑今年の春もという言葉から、ツバメについて分かることに○をつけましょう。

（　）ツバメがひろし君の家にやってきたのは、今年が初めてだということ。

（○）ツバメはこれまでもひろし君の家にやってきたことがあるということ。

(2) ツバメが巣を作るときに使うものを二つ書きましょう。

3 ※順不同

どろ　かれ草

㋒チーチーという声は、何の声ですか。

たまごからかえった（ひな）が鳴いている声。

4
㋓親鳥が飛んできて、とありますが、何をするために飛んできたのですか。

えさとなる 虫 を、ひな に食べさせるため。

23 頁

説明文（社会） 五文の文章を読み取ろう ①

名前

1
みなさんの都道府県には、たて物など形のある古いもの、祭りや芸のうなど形のない古いものがたくさん残されています。

2
形のある古いものとしては、城、寺や神社、昔の家などのたて物や、㋐石でつくられた道しるべ、お地ぞうさん、記ねんひなどがあります。

3
日本の各地には、古くから続いている祭りがあり、京都のぎおん祭り、青森のねぶた祭りなど有名な祭りもあります。

4
地いきに古くから伝わるきょう土芸のうもいろいろで、人形しばい、かぶき、ししまい、鹿おどりなどがあります。

5
年中行事も、古くから伝えられてきたもので初もうで、せつ分、ひな祭りなど、よく知られているものもたくさんあります。

＊「日本」は「にほん」とも読みます。

上の1～5の文章を読んで、答えましょう。

1
どんなものが残されていますか。二つ書きましょう。

① たて物など（形のある古い）もの。

② 祭りや芸のうなど（形のない古い）もの。

2
㋐石でつくられた古いものを、三つ書きましょう。

※順不同

道しるべ　記ねんひ　お地ぞうさん

3
古くから続いている祭りに○をつけましょう。

（　）テレビ祭り　（○）ぎおん祭り

4
地いきに伝わるきょう土芸のうを四つ書きましょう。

① 人形 しばい

② かぶき

③ ししまい

④ 鹿 おどり

5
古くから伝えられてきた年中行事二つに○をつけましょう。

（　）オリンピック　（○）せつ分

（○）初もうで　（　）運動会

24 頁

説明文（理科） 五文の文章を読み取ろう ②

名前

1
ドングリは、秋、公園や神社などの木の下に、たくさん落ちています。

2
ドングリをよく見ると、大きさも形もさまざまで、大きいものや小さいもの、また形も丸いもの細長いものがあります。

3
では、このようなドングリの実ができる「ドングリ」という名前の木があるのでしょうか。

4
じつは、ドングリというのは、カシやシイ、クヌギなどにできる木の実のことであり、木によって、できるドングリの大きさや形もちがうのです。

5
つまり、このような木にできる丸い実のことを、すべてドングリとよんでいるのであり、㋐「ドングリ」という名前の木があるわけではないのです。

上の1～5の文章を読んで、答えましょう。

1
ドングリは、①いつ、②どんなところにたくさん落ちていますか。

① いつ　秋

② どんなところ　神社や公園などの（木の下）

2
ドングリをよく見ると、どんなことが分かりますか。

（大きさ）も（形）もさまざまなこと。

3
問いかけているのは、どんなことですか。

「（ドングリ）」という（名前）の（木）があるのでしょうか。

4
ドングリは、何という木にできる木の実のことですか。三つ書きましょう。

5 ※順不同

カシ　シイ　クヌギ

㋐「ドングリ」という名前の木があるわけではないのですとありますが、どんな意味ですか。○をつけましょう。

（　）「ドングリ」という名前の木がある。

（○）「ドングリ」という名前の木はない。

上の1～5の文章全体を読んで、当てはまるもの二つに○をつけましょう。

（　）ドングリは、どれも、大きさや形は同じだ。

（○）ドングリは、できる木によって、大きさや形がちがう。

（○）クヌギの木にできる実も「ドングリ」とよばれる。

25 頁

説明文（理科） 五文の文章を読み取ろう ③

名前

1
くらしの中にあるものには、くぎやクリップのように、じしゃくに引きつけられるものと、㋐そうでないものとがあり、じしゃくに引きつけられるのは、どれも鉄という金ぞくでできているものです。

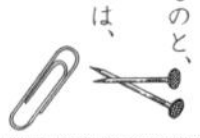

2
金ぞくには、鉄だけでなくいろいろなものがあり、たとえば、一円玉やアルミはくは、アルミニウムという金ぞくで、十円玉やビニル導線の中の細い線は、銅という金ぞくでできています。

3
どちらも㋑鉄ではないので、それらでできたものは、もちろんじしゃくに引きつけられません。

4
また、空きかんに、じしゃくを近づけてみると、じしゃくに引きつけられるかんと、引きつけられないかんとがありますが、引きつけられたのは鉄でできたかん、そうでないのは、アルミニウムかんだったとわかります。

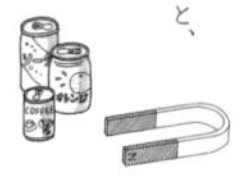

5
このように、表面に色が付いているものでも、じしゃくを使うと、それが鉄でできたものか、そうでないものなのかを見分けることができるのです。

上の1～5の文章を読んで、答えましょう。

1
㋐そうでないものとは、どのようなものですか。○をつけましょう。

（○）じしゃくに、引きつけられないもの。

（　）じしゃくに、引きつけられるもの。

2
次の金ぞくでできているものを、文中から書き出しましょう。

① アルミニウム

（一円玉）・（アルミはく）

② 銅

（十円玉）・ビニル導線の中の細い線

3
㋑鉄ではないものでできたものは、じしゃくに引きつけられますか。○をつけましょう。

（　）引きつけられます。

（○）引きつけられません。

4
じしゃくに引きつけられたかんは、何でできたかんですか。一つに○をつけましょう。

（　）銅　（○）鉄　（　）アルミニウム

5
じしゃくと金ぞくや鉄について、当てはまるもの二つに○をつけましょう。

（○）じしゃくは、鉄でできたものを引きつけます。

（　）じしゃくは金ぞくでてきたものをすべて引きつけます。

（　）鉄でてきたものは、じしゃくに引きつけられません。

（○）鉄でできていないものは、じしゃくに引きつけられません。

解答例

※ワークシートと解答例は、学習する児童の実態にあわせて拡大してお使いください。

26頁

物語　友情のかべ新聞 ①　　名前

1
ある日ぼくは、東君と西君が作ったかべ新聞のはしから、けいじ板のシートに青いよごれが付いているのを見つけた。

土曜日、日曜日と、雨の日が続いた。そして今日、月曜日も雨。昼休み、(あ)外で遊べないぼくたちは、どうしても室内でさわいでしまう。

2
そんな中、ぼくは思い切って、教室のすみで、二人に分かったことを伝えた。

すると二人は、(い)うなだれて、それでもどこかほっとした顔で言った。

「金曜日に相談して、あやまりに行こうって決めたんだ。それで、今から(う)職員室に行くところなんだ。」

そうか、よかった。

3
そのとき、教室の後ろの方で、だれかが「たいくつだなあ。」と、大きくうでを広げて、のびをした。その手が、近くにいた女の子をおした。女の子はふらつき、かべ新聞に手をつく。

(え)はでな音を立てて、やぶれるかべ新聞。

ビリリリリ。

そして、(お)やぶれたかべ新聞の向こうから、緑のシートの上を走る青い線があらわれた。

（令和六年度版　光村図書　国語　四年下　はばたき　はやみね かおる）

上の1～3の文章を読んで、答えましょう。

1 (1) 今日はどんな天気ですか。一つに〇をつけましょう。
（　）晴れ
（　）くもり
（〇）雨

(2) 昼休み、(あ)外で遊べないぼくたちは、どうしてしまいますか。

室内で（**さわいでしまう**）。

2 (1) (い)うなだれてとは、どんな様子を表していますか。〇をつけましょう。
（　）自信をもってうなずく様子。
（〇）元気をなくして下を向く様子。

(2) 二人が(う)職員室に行くのは、何をするためですか。〇をつけましょう。
（　）質問するため。
（〇）あやまるため。

3 (1) (え)はでな音とは、どんな音ですか。

ビリリリリ

(2) (お)やぶれたかべ新聞の向こうから、何があらわれましたか。

（**緑のシート**）の上を走る（**青い線**）

27頁

物語　友情のかべ新聞 ②　　名前

1
「つまり、東君と西君は、青の油性ペンで、けいじ板をよごしてしまったんだね。」

(あ)中井先生にきかれ二人はうなずく。

2
ここからは、ぼくの(い)すいりだ。

記事を書き終わり、青が好きな東君が、青い油性ペンで新聞をふち取ろうとする。それを、赤が好きな西君がいやがって、止めようとする。

もみ合う二人。手に持っていた油性ペンがけいじ板に当たって、シートにインクが付く。インクは、ぞうきんでふくだけでは落ちない。

3
(う)最近の二人はしかられ続けている。それなのに、けいじ板をよごしたのが知られたら、またどれだけしかられることか。

「正直にあやまろう。」

どちらかがそう言っても、(え)相手はさんせいしない。相手の意見に反対するのが、くせになっているからだ。

4
どっちが悪いか言い争っているとき、見回りの先生の足音が聞こえたりしたら――。

二人は、(お)とっさにかべ新聞でよごれをかくしてしまった。

あせっていたから、ほんの少しだけ、新聞のはしからインクが見えてしまっていることに(か)気づかなかった。

（令和六年度版　光村図書　国語　四年下　はばたき　はやみね かおる）

上の1～4の文章を読んで、答えましょう。

1 (あ)二人とは、だれとだれのことですか。

（**東君**）と（**西君**）

2 ※順不同 1

2 (1) (い)すいりとはどんな意味ですか。〇をつけましょう。
（〇）わかっていることをもとに、わかっていないことを考えること。
（　）お話を読んで感想をまとめること。

(2) 青が好きな人と赤が好きな人をそれぞれ東君か西君で答えましょう。

① 青が好き　**東君**

② 赤が好き　**西君**

3 (1) (う)最近の二人の様子を書きましょう。

しかられ続けている。

(2) (え)相手はさんせいしないのは、なぜですか。

相手の意見に（**反対する**）のが、（**くせ**）になっているから。

4 (1) (お)とっさとは、どんな意味ですか。〇をつけましょう。
（　）長い時間。ゆっくりと。
（〇）短い時間。あっという間。

(2) (か)二人は、どんなことに気づかなかったのですか。

ほんの少しだけ、（**新聞のはし**）から（**インクが見えてしまっている**）こと。

28頁

物語　友情のかべ新聞 ③　　名前

1
そして、よごれをかくした二人には、新しく(あ)心配なことができた。

相手が、先生に言ってしまうのではないかと思ったのだ。

それも、「自分は悪くありません。全部、相手が悪いんです。」というように。

2
だから、おたがいから目をはなせなくなり、いつもいっしょにいるようになった。

(い)その間、二人は油性ペンをさわりたくなかった。

また、後ろめたさでしょくよくがなくなり、プリンを取り合わなかった。

3
その後――。

いっしょにいるうちに、相手がどんなやつか分かってきた。(う)不思議なことに、二人でいるのが楽しくなってきた。無理に仲よくなろうとしたんじゃない。相手のことを知るうちに、「なんだ、そんなにいやなやつじゃないじゃないか。」(え)そう思えてきたのだ。

そして、それで十分だった。

（令和六年度版　光村図書　国語　四年下　はばたき　はやみね かおる）

上の1～3の文章を読んで、答えましょう。

1 (あ)心配なこととは、どんなことですか。文中から書き出しましょう。

相手が、（**先生**）に（**言ってしまうのではないか**）と思ったのだ。それも「（**自分は悪くありません**）。全部、（**相手が悪いんです**）。」というように。

2 (1) (い)その間とは、どんなことになった間ですか。

（**おたがい**）から目をはなせなくなり、（**いつもいっしょにいる**）ようになった間。

(2) (い)その間の二人の様子、二つに〇をつけましょう。
（〇）油性ペンをさわりたくない。
（　）しょくよくがある。
（〇）プリンを取り合わない。

3 (1) (う)不思議なこととは、どんなことですか。

（**二人**）でいるのが（**楽しく**）なってきたこと。

(2) (え)そう思えてきたとありますが、どのように思えてきたのですか。

「なんだ、そんなに（**いやなやつじゃない**）じゃないか。」

29頁

物語　友情のかべ新聞 ④　　名前

1
先生が、二人にきく。

「どうしてけいじ板がよごれたのかな。」

東君が答える。

「悪いのは、ぼくです。ぼくの持っていた(あ)油性ペンが当たったんです。」

2
西君も答える。

「悪いのは、(い)ぼくです。ぼくが東君を(う)おしたから、油性ペンが当たったんです。」

聞いていた先生は、

「君たちは、本当に仲が――。」

そこまで言って、うれしそうにほほえんだ。

3
放課後、(え)二人は、けいじ板のよごれを落とす先生を手伝った。

そして、きれいになったけいじ板の上に、セロハンテープで直した(お)かべ新聞をはった。

青と赤の二重のふち取りが、ぐるっと一周しているかべ新聞だ。

4
そんな二人を見て、中井先生が、(か)とくいそうに言った。

「先生の作戦は、大成功だな。」

クラスのみんなは、なんとも言えない顔で、それでもなんだかうれしくて、(き)大きくうなずいた。

ぼくは考える。

今度、二人がかべ新聞を作ったら、いったいどんなものになるのだろうって。

（令和六年度版　光村図書　国語　四年下　はばたき　はやみね かおる）

上の1～4の文章を読んで、答えましょう。

1 (1) (あ)油性ペンを持っていたのはだれですか。〇をつけましょう。
（〇）東君　（　）西君

(2) (あ)油性ペンは、何に当たりましたか。

けいじ板

2 (1) (い)ぼくはだれのことですか。〇をつけましょう。
（　）東君　（〇）西君

(2) だれがだれを、(う)おしたのですか。東君か西君で答えましょう。

（**西君**）が（**東君**）をおした。

3 (1) (え)二人とは、だれとだれのことですか。

（**西君**）と（**東君**）

※順不同

(2) (お)かべ新聞は、どんなかべ新聞ですか。

（**青**）と（**赤**）の二重のふち取りが、（**ぐるっと一周**）しているかべ新聞。

4 (1) (か)とくいそうとは、どんな様子ですか。〇をつけましょう。
（〇）うまくできて、自信がある様子。
（　）失敗して、はずかしそうな様子。

(2) (き)大きくうなずいたのは、だれですか。

クラスのみんな

※児童に取り組ませる前に、必ず先生が問題を解いてください。本書の解答や指導にあたっては、あくまで１つの例です。児童の多様な考えに寄り添って、○つけをお願いします。

解答例

※ワークシートと解答例は、学習する児童の実態にあわせて拡大してお使いください。

30頁

物語　スワンレイクのほとりで①

名前

歌は、夏休みにお父さんと二人で、アメリカに遊びに行った。お父さんの妹の真琴さんとその夫のジョージさんがくらす家にとめてもらい、そこで、歌と同じくらいの年の男の子、グレンと出会った。グレンは車いすに乗っていた。

1

(あ)「こんにちは、グレン。わたしの名前は、歌です。わたしはあなたに会えて、とてもうれしいです。」

(い)グレンは、わたしの顔を見つめたまま、だまっている。

2

あれっ、わたしの英語、通じなかったのかな。もう一度、最初から言い直したほうがいいのかな。

(う)言い直そうとしたそのとき、グレンがにっこり笑った。

(え)「こんにちは、ウタ。ぼくも、君に会えて、すごくうれしいよ。」

言いながら、ひざの上に置いていた手をすっと、わたしの方へ差し出している。

3

思わず、ぎゅっと、グレンの手をにぎりしめた。アメリカでは、初めて会った人とは、あくしゅをする。これも、(お)お父さんから教えてもらっていた。

あいさつは(か)うまくできたものの、でもそのあとに、何を話したらいいのか、さっぱり分からなくて、今度はわたしがだまってしまった。

（令和六年度版　光村図書　国語　四年下　はばたき　小手鞠　るい）

上の1～3の文章を読んで、答えましょう。

1

(1) わたしの名前を書きましょう。

歌

(2) わたしは(あ)の言葉を、日本語か英語、どちらで言いましたか。○をつけましょう。（2の文章も読んで答えましょう。）

（　）日本語　（○）英語

(3) (あ)のことばを聞いた(い)グレンのようすを書きましょう。

（わたしの顔）を見つめたまま、（だまっている）。

2

(1) (う)言い直そうとしたのは、だれですか。

歌（わたし）

(2) グレンは(え)の言葉を言いながら、どうしましたか。○をつけましょう。

（　）手をひざの上に置いた。

（○）手をわたしの方へ差し出した。

3

(1) (お)お父さんから教えてもらっていたことは、どんなことですか。

アメリカでは、（初めて会った人）とは、（あくしゅ）をする。

(2) 何が(か)うまくできたのですか。

あいさつ

30

31頁

物語　スワンレイクのほとりで②

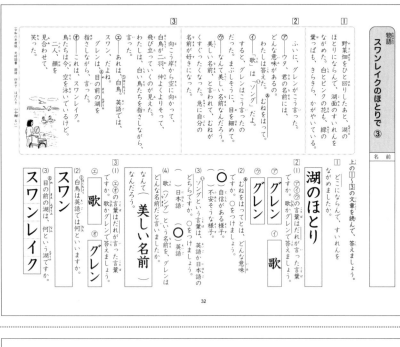

名前

1

するとグレンは、ほほえみをうかべたまま、言った。問いかけているようにも聞こえた。

(あ)「ねえ、ウタ。ぼくといっしょに……へ行こうよ。」

どこかへ行こうと、さそってくれている。でも、それがどこなのか、分からない。

近くにいた真琴さんが助けてくれた。

(い)「グレンはね、歌ちゃんといっしょに、野菜畑へ行きたいみたいよ。よかったら、行っておいで。」

2

ジョージさんと真琴さんが野菜を育てている畑。わたしはまだ、中へ入ったことはなかった。

「うん、行ってくる。」

(う)二人で、野菜畑へと向かった。

グレンはきっと、何度か行ったことがあるのだろう。わたしは、グレンの後ろからついていく。

3

ひまわりにかこまれた、野菜畑に着いた。

あちこちに、いろんな野菜が植えられている。にぎやかに、(え)みんなでおしゃべりしているみたい。

よく知っている野菜もあれば、日本では見かけたことのない野菜もある。

＊「日本」は「にほん」とも読みます。

（令和六年度版　光村図書　国語　四年下　はばたき　小手鞠　るい）

上の1～3の文章を読んで、答えましょう。

1

(1) グレンは、(あ)の言葉を日本語か英語のどちらで言いましたか。○をつけましょう。

（　）日本語　（○）英語

(2) (い)グレンは、①だれといっしょに、②どこへ行きたいのですか。

① だれと　歌（歌ちゃん）

② どこへ　野菜畑

2

(1) 歌は、野菜畑の中へ入ったことがありましたか。○をつけましょう。

（　）何度か中へ入ったことがある。

（○）まだ、中へ入ったことはなかった。

(2) (う)二人とは、だれとだれのことですか。

グレン と 歌

3

(1) (え)みんなとは、だれ（何）のことですか。○をつけましょう。

（　）グレンと歌とジョージさん

（○）いろんな野菜

(2) 野菜畑には、どんな野菜がありましたか。

（よく知っている）野菜もあれば、日本では（見かけたことのない）野菜もある。

31

32頁

物語　スワンレイクのほとりで③

名前

1

野菜畑をひと回りしたあと、湖のほとりにならんで、湖面のすいれんをながめた。白とピンクの花も、緑の葉っぱも、きらきら、かがやいている。

2

ふいに、グレンがこう言った。

㋐「ウタ、君の名前には、どんな意味があるの。」

わたしは答えた。(あ)むねをはって。

㋑「歌」は(い)「ソング」だよ。

すると、グレンはこう言ったのだった。まぶしそうに、目を細めて。

㋒「なんて美しい名前なんだろう。」

美しい名前、と言われて、むねがくすぐったくなった。急に自分の名前が好きになった。

3

向こう岸から空に向かって、(う)白鳥が二羽、仲よくよりそって、飛び立っていくのが見えた。

わたしは、白い鳥たちを指さしながら、言った。

㋓「あれは、白鳥。英語では、スワン、だよね。」

グレンは、(え)目の前の湖を指さしながら、言った。

㋔「これは、スワンレイク。鳥たちは今、空を泳いでいるけど。」

二人、顔を見合わせて、笑った。

（令和六年度版　光村図書　国語　四年下　はばたき　小手鞠　るい）

上の1～3の文章を読んで、答えましょう。

1

どこにならんで、すいれんをながめましたか。

湖のほとり

2

(1) ㋐㋑㋒の言葉はだれが言った言葉ですか。歌かグレンで答えましょう。

㋐ グレン　㋑ 歌　㋒ グレン

(2) (あ)むねをはってとは、どんな意味ですか。○をつけましょう。

（○）自信がある様子。

（　）不安そうな様子。

(3) (い)ソングという言葉は、英語か日本語のどちらですか。○をつけましょう。

（　）日本語　（○）英語

(4) 歌（ソング）という名前を、グレンはどんな名前だと言いましたか。

なんて（美しい名前）なんだろう。

3

(1) ㋓㋔の言葉はだれが言った言葉ですか。歌かグレンで答えましょう。

㋓ 歌　㋔ グレン

(2) (う)白鳥は英語では何といいますか。

スワン

(3) (え)目の前の湖は、何という湖ですか。

スワンレイク

32

33頁

物語　スワンレイクのほとりで④

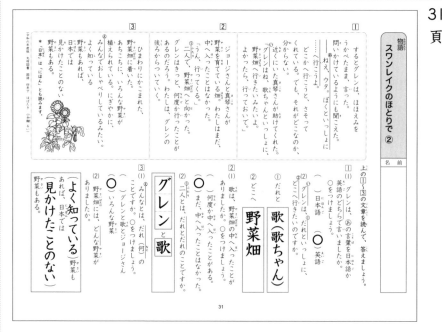

名前

1

あのまぶしい夏の午後、グレンに出会ってから、わたしは、もっともっと英語の勉強をして、いろんなことをグレンと話してみたい、と思うようになっている。

2

(あ)わたしたちの心の中には、野菜畑の思い出がある。いっしょにながめたスワンレイクの景色も。

今は、遠くはなれた場所でくらしているけれど、わたしたちは、友達。

(い)この気持ちをいつか、グレンに伝えられたらいいな。

3

げんこう用紙のそばから、えんぴつを取り上げると、(う)ぎゅっと、力をこめてにぎった。

あの日、グレンの手をにぎったときのように。

（令和六年度版　光村図書　国語　四年下　はばたき　小手鞠　るい）

上の1～3の文章を読んで、答えましょう。

1

グレンに出会ってから、わたしは、どんなことを思うようになっていますか。

もっともっと（英語の勉強）をして、いろんなことをグレンと（話してみたい）、と思うようになっている。

2

(1) (あ)わたしたちの心の中にあるものを、二つ答えましょう。

①（野菜畑）の思い出

② いっしょにながめた（スワンレイク）の景色

(2) (い)この気持ちとは、どんな気持ちですか。

今は、（遠くはなれた場所）でくらしているけれど、わたしたちは、（友達）。という気持ち。

3

何を(う)ぎゅっと、力をこめてにぎったのですか。○をつけましょう。

（○）えんぴつ

（　）グレンの手

33

解答例

※児童に取り組ませる前に、必ず先生が問題を解いてください。本書の解答や指導にあたっては、あくまで１つの例です。児童の多様な考えに寄り添って、○つけをお願いします。

※ワークシートと解答例は、学習する児童の実態にあわせて拡大してお使いください。

34頁

物語 手ぶくろを買いに ①

名前

1 寒い冬が、北方から、きつねの親子のすんでいる森へもやって来ました。

2 ある朝、ほらあなから、子どものきつねが出ようとしましたが、
「あっ。」

とさけんで、目をおさえながら、母さんぎつねの所へ転げてきました。

「母ちゃん、目に何かささった。ぬいてちょうだい。早く、早く。」

と言いました。

3 母さんぎつねがびっくりして、あわてふためきながら、目をおさえている㋐子どもの手を、おそるおそる取りのけてみましたが、何もささってはいませんでした。母さんぎつねは、ほらあなの入り口から外へ出て、初めてわけが分かりました。

4 昨夜のうちに、真っ白な雪が、どっさりふったのです。その雪の上からお日様がきらきらと照らしていたので、雪は、まぶしいほどはんしゃしていたのです。㋑雪を知らなかった子どものきつねは、あまり強いはんしゃを受けたので、目に㋒何かささったと思ったのでした。

（令和六年度版　光村図書　国語　四年下　はばたき　新美　南吉）

上の1〜4の文章を読んで、答えましょう。

1 何が、きつねの親子のすんでいる森へもやって来ましたか。

寒い冬

2 子どものきつねは、母さんぎつねの所へ転げてきて、何と言いましたか。

「母ちゃん、**（目に何かささった）**。ぬいてちょうだい。早く、早く。」

3 (1) 母さんぎつねは、㋐子どもの手をどのように取りのけてみましたか。

おそるおそる取りのけてみました。

(2) 子どものきつねの目は、どうなっていましたか。○をつけましょう。

（○）何もささってはいなかった。

（　）とげがささっていた。

4 (1) 昨夜のうちに、何がどっさりふりましたか。

（真っ白な）雪

(2) ㋑雪を知らなかったのはだれですか。○をつけましょう。

（　）母さんぎつね

（○）子どものきつね

(3) 子どものきつねは、なぜ目に㋒何かささったと思ったのですか。

あまり（**強いはんしゃ**）を受けたので。

35頁

物語 手ぶくろを買いに ②

名前

1 子どものきつねは、遊びに行きました。まわたのようにやわらかい㋐雪の上をかけ回ると、雪の粉が、しぶきのように飛び散って、小さいにじが、すっとうつるのでした。

2 すると、とつぜん、後ろで、ドタドタ、ザーッと、ものすごい音がして、パン粉のような粉雪が、ふわあっと子ぎつねにおっかぶさってきました。子ぎつねはびっくりして、雪の中に転がるようにして十メートルも向こうへ㋑にげました。

3 なんだろうと思って、ふり返ってみましたが、何もいませんでした。それは、もみのえだから、雪が㋒なだれ落ちたのでした。まだ、えだとえだの間から、㋓白いきぬ糸のように雪がこぼれていました。

※もみ…松の仲間の木。
※なだれ…たくさんの雪が、一度にくずれ落ちること。
（令和六年度版　光村図書　国語　四年下　はばたき　新美　南吉）

上の1〜3の文章を読んで、答えましょう。

1 どんな㋐雪ですか。

まわたのようにやわらかい雪。

2 (1) とつぜん、後ろで、どんな音がしましたか。

ドタドタ、**ザーッ**と、ものすごい音。

(2) 子ぎつねはびっくりして、どのくらい向こうへ㋑にげましたか。

雪の中に転がるようにして（**十メートル**）も向こうへにげました。

3 (1) ふり返ってみると、何がいましたか。○をつけましょう。

（　）母さんぎつねがいた。

（○）何もいなかった。

(2) どこから、雪が㋒なだれ落ちたのですか。

もみのえだ

(3) ㋓白いきぬ糸のように雪がこぼれてとは、どんな様子をあらわしていますか。○をつけましょう。

（○）雪が、長く続けて少しずつこぼれている様子。

（　）雪が、大きなかたまりで、一度にたくさんこぼれている様子。

36頁

物語 手ぶくろを買いに ③

名前

1 まもなく、ほらあなへ帰ってきた子ぎつねは、
「お母ちゃん、お手々が冷たい、お手々がちんちんする。」

と言って、ぬれてぼたん色になった両手を、母さんぎつねの前に差し出しました。

2 母さんぎつねは、その手に、はあっと息をふっかけて、ぬくとい母さんの手で、やんわり包んでやりながら、
「もうすぐ、温かくなるよ。雪をさわると、すぐ温かくなるもんだよ。」

と言いましたが、かわいいぼうやの手にしも焼けができては㋐かわいそうだから、夜になったら、町まで行って、ぼうやのお手々に合うような毛糸の手ぶくろを㋑買ってやろうと思いました。

※ぼたん色…むらさきがかった、こいピンク色。
（令和六年度版　光村図書　国語　四年下　はばたき　新美　南吉）

上の1・2の文章を読んで、答えましょう。

1 (1) ほらあなへ帰ってきた子ぎつねは、母さんぎつねに何と言いましたか。

「お母ちゃん、お手々が（**冷たい**）、お手々が（**ちんちん**）する。」

(2) 子ぎつねの両手は、ぬれて何色になっていましたか。

ぼたん色

2 (1) 母さんぎつねは、子ぎつねの手に、どうしてやりましたか。

（**はあっ**）と息を（ふきかけて）ふっかけて、

（**ぬくとい**（あたたかい））母さんの手で、

（**やんわり**）包んでやりました。

(2) ㋐かわいそうなのですか。
①だれの手に②何ができることが

① だれの手に

（**かわいい**）**ぼうや**の手に

② 何ができること

（**しも焼け**）ができること。

(3) 母さんぎつねは、夜になったら、町まで行って、何を㋑買ってやろうと思いましたか。

（**ぼうやのお手々**）に合うような毛糸の（**手ぶくろ**）を買ってやろうと思いました。

37頁

物語 手ぶくろを買いに ④

名前

1 暗い暗い夜が、ふろしきのようなかげを広げて、野原や森を包みにやって来ましたが、雪はあまり白いので、包んでも包んでも、白くうかび上がっていました。

2 親子の銀ぎつねは、ほらあなから出ました。子どものほうは、お母さんのおなかの下へ㋐入りこんで、そこから真ん丸な目をぱちぱちさせながら、あっちやこっちを見ながら歩いていきました。

3 やがて、行く手に、ぽっつり、明かりが一つ、見え始めました。㋑それを子どものきつねが見つけて、
「母ちゃん、お星様は、あんな低い所にも㋒落ちてるのねえ。」

とききました。

「あれは、お星様じゃないのよ。」

と言って、そのとき、母さんぎつねの足は、すくんでしまいました。

㋐「あれは、町の灯なんだよ。」

※すくむ…おそれやおどろきなどで、体が自由に動かなくなったり、ちぢこまったりする様子。
（令和六年度版　光村図書　国語　四年下　はばたき　新美　南吉）

上の1〜3の文章を読んで、答えましょう。

1 (1) 暗い暗い夜は、何のようなかげを広げましたか。

（**ふろしき**）のようなかげ。

(2) 包んでも包んでも、白くうかび上がっていたものは何ですか。

雪

2 (1) だれが、ほらあなから出ましたか。

親子の（**銀ぎつね**）

(2) 子どものきつねは、どこの下へ㋐入りこみましたか。

お母さんのおなか

3 (1) ㋑それは、何を指していますか。

明かりが一つ

(2) 子どものきつねは、何が㋒落ちてると思いましたか。

お星様

(3) ㋐の言葉を言ったのは、だれですか。○をつけましょう。

（○）母さんぎつね

（　）子どものきつね

※児童に取り組ませる前に、必ず先生が問題を解いてください。本書の解答や指導にあたっては、あくまで１つの例です。児童の多様な考えに寄り添って、〇つけをお願いします。

解答例

※ワークシートと解答例は、学習する児童の実態にあわせて拡大してお使いください。

38頁

物語 手ぶくろを買いに ⑤

名前

1 その町の灯を見たとき、母さんぎつねは、あるとき町へお友達と出かけていって、とんだめにあったことを思い出しました。

2 およしなさいって言うのも聞かないで、お友達のきつねが、ある家のあひるを(あ)ぬすもうとしたので、お百姓さんに見つかって、さんざ追いまくられて、(い)命からがらにげたことでした。

3 「母ちゃん、何してんの。早く行こうよ。」と、子どものきつねがおなかの下から言うのでしたが、母さんぎつねは、どうしても足が進まないのでした。そこで、しかたがないので、ぼうやだけを一人で町まで行かせることになりました。

（令和六年度版　光村図書　国語　四年下　はばたき　新美　南吉）

上の1～3の文章を読んで、答えましょう。

1 その町の灯を見たとき、母さんぎつねは、どんなことを思い出しましたか。

あるとき町へ（**お友達**）と出かけていって、（**とんだめにあった**）こと。

2 (1) お友達のきつねは、何を(あ)ぬすもうとしましたか。

ある家の（**あひる**）

(2) (い)命からがらとは、どんな意味ですか。〇をつけましょう。

（　）一生けんめい元気よく、楽しそうに走ってにげる様子。

（〇）一生けんめい必死でにげて、どうにか命だけは助かる様子。

3 だれが町まで行くことになりましたか。一つに〇をつけましょう。

（　）母さんぎつねだけ

（〇）ぼうやだけ

（　）母さんぎつねとぼうや

38

39頁

物語 手ぶくろを買いに ⑥

名前

1 「ぼうや、お手々をかたほうお出し。」と、母さんぎつねが言いました。その手を、母さんぎつねはしばらくにぎっている間に、かわいい人間の子どもの手にしてしまいました。

2 ぼうやのきつねは、(あ)その手を、広げたり、にぎったり、つねってみたり、かいでみたりしました。
「なんだか変だな、母ちゃん、これなあに。」
と言って、雪明かりに、また、その人間の手に変えられてしまった自分の手を、しげしげと見つめました。

3 ㋐「それは人間の手よ。いいかい、ぼうや、町へ行ったらね、たくさん人間の家があるからね。まず、表に円いシャッポのかんばんのかかっている家を(い)さがすんだよ。
それが見つかったらね、トントンと戸をたたいて、こんばんはって言うんだよ。そうするとね、中から人間が、(う)すこうし戸を開けるからね、その戸のすき間から、こっちの手、ほら、(え)この人間の手を差し入れてね、この手にちょうどいい手ぶくろちょうだいって言うんだよ。分かったね、決して、こっちのお手々を(お)出しちゃだめよ。」
と、母さんぎつねは言い聞かせました。

※シャッポ…ぼうし

（令和六年度版　光村図書　国語　四年下　はばたき　新美　南吉）

上の1～3の文章を読んで、答えましょう。

1 母さんぎつねは、ぼうや（子どものきつね）の手を、どんな手にしてしまいましたか。

かわいい（**人間の子ども**）の手

2 ぼうやのきつねは、(あ)その手をどうしてみましたか。

ぼうやのきつねは、その手を、（**広げたり**）、にぎったり、つねってみたり、（**かいでみたり**）しました。

3 (1) ㋐の言葉は、だれがぼうやに言い聞かせている言葉ですか。

母さんぎつね

(2) 町へ行ったら、まず、どんな家を(い)さがすのですか。

表に（**円いシャッポ**）のかんばんのかかっている家。

(3) (う)すこうし戸を開けるのは、だれですか。

人間

(4) (え)人間の手を差し入れて、何と言うのですか。

この手に（**ちょうどいい手ぶくろ**）ちょうだい。

(5) (お)出しちゃだめなのは、どんな手ですか。〇をつけましょう。

（〇）きつねの手　（　）人間の手

39

40頁

物語 世界一美しい村へ帰る ①

名前

1 「ヤモ、どうしているかな。」
パグマンから遠くはなれた町でミラドーは思いました。

2 アフガニスタンの小さな村パグマンを出てから、ミラドーは、サーカスの笛ふきとなって、世界中を旅しています。知らない土地の生活にもなれました。
でも、(あ)毎日思い出すのは、なつかしいパグマンの村と、仲良しの友達、ヤモのことです。

3 また、次の冬がめぐってきました。ラジオではアフガニスタンで長く続いた戦いが終わる、というニュースが流れていました。
(い)ミラドーのお父さんは、戦争に行ったきりゆくえが知れません。

4 ミラドーは、小さいときお父さんがよく歌っていた(う)曲を思い出しました。
「ダラ　バ　ダラ　谷から谷へ
パグマンの風を君に送るよ。
緑の麦畑をわたり君のかみをなびかせるよ。遠くはなれたぼくの代わりに。」

（令和六年度版　東京書籍　新編　新しい国語　四下　小林　豊）

上の1～4の文章を読んで、答えましょう。

1 パグマンから遠くはなれた町にいるのはだれですか。〇をつけましょう。

（　）ヤモ　（〇）ミラドー

2 (1) ミラドーは、サーカスの何になりましたか。

サーカスの（**笛ふき**）

(2) ミラドーが(あ)毎日思い出すのは、どんなことですか。

なつかしい（**パグマンの村**）と、仲良しの友達、（**ヤモ**）のこと。

3 (1) ラジオでは、どんなニュースが流れていましたか。

アフガニスタンで長く続いた（**戦いが終わる**）、というニュース。

(2) (い)ミラドーのお父さんは、今、どうしていますか。〇をつけましょう。

（　）ミラドーと同じサーカスで働いている。

（〇）戦争にいったきりゆくえが知れない。

4 (1) ミラドーはどんな(う)曲を思い出しましたか。

小さいとき（**お父さん**）がよく歌っていた曲。

(2) (う)曲の中で、何を君に送るよといっていますか。

パグマンの風

40

41頁

物語 世界一美しい村へ帰る ②

名前

1 サーカスが次の町に着いたとき、ミラドーは団長さんに、長い間考えていたことを話しました。
「ぼく、パグマンに帰ります。」
「そうか、そうするか。」
団長さんはうなずいて、だまって海を見つめました。

2 その夜、サーカスのみんながミラドーのお別れパーティーを開いてくれました。団長さんは自分のマフラーを、ミラドーの首にまいてくれました。
ミラドーは、自分の荷物の中に、町で買ってきた作物の種を(あ)いっぱいつめました。

3 そして、とうとう音が出なくなってしまったお父さんの笛を大切にしまいました。

4 次の日の朝早く、ミラドーは東へ向かう列車に乗りこみました。
かたにかけた黒いかばんの中には、ヤモへのおみやげがつまっています。
ヤモに会うときのことを思うと、(い)心がうきうきしました。

（令和六年度版　東京書籍　新編　新しい国語　四下　小林　豊）

上の1～4の文章を読んで、答えましょう。

1 (1) ミラドーは団長さんに、何と言いましたか。

「ぼく、（**パグマンに帰ります**）。」

(2) 団長さんはうなずいて、どうしましたか。

だまって（**海を見つめました**）。

2 (1) その夜、サーカスのみんなはだれのお別れパーティーを開いてくれましたか。

ミラドー

(2) ミラドーは、自分の荷物の中に、何を(あ)つめましたか。〇をつけましょう。

（　）団長さんがくれたマフラー

（〇）町で買ってきた作物の種

3 ミラドーは、どんな笛を大切にしまいましたか。

とうとう（**音**）が出なくなってしまった（**お父さん**）の笛

4 (1) 次の日のいつ、ミラドーは列車に乗りこみましたか。〇をつけましょう。

（〇）朝早く　（　）夜おそく

(2) ミラドーは、どんなことを思うと、(い)心がうきうきしましたか。

（**ヤモに会うとき**）のこと

41

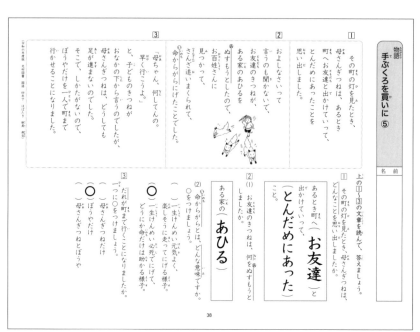

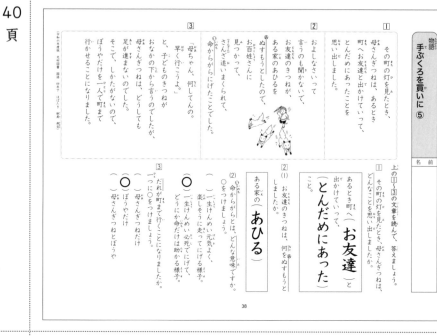

解答例

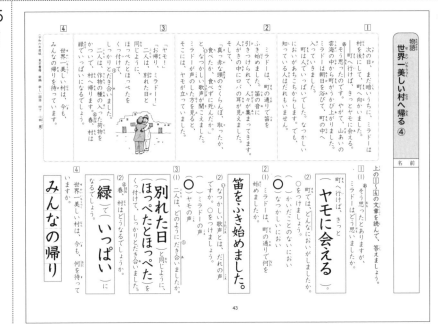

※ワークシートと解答例は、学習する児童の実態にあわせて拡大してお使いください。

※児童に取り組ませる前に、必ず先生が問題を解いてください。本書の解答や指導にあたっては、あくまで１つの例です。児童の多様な考えに寄り添って、○つけをお願いします。

42頁

物語
世界一美しい村へ帰る ③

名前

1 村の入り口に着くと、ミラドーは立ちつくしました。村は何もかもこわされて、すっかり様子が変わっていたのです。

2 「おうい！ ぼくだよ、ミラドーだよ。帰ってきたよ！」
ミラドーが大きな声でさけんでも、こたえる人はだれもいません。

「ヤモはどうしたろう。」

3 ミラドーは村の中を、はしからはしまで歩き回りました。そして、村の外れに、焼けこげたすももの木が立っているのを見つけました。
ヤモと二人で登った木です。よく見ると、えだ先に、小さなつぼみがついていました。長い冬が終わって、村に春がやってきていたのです。

4 ミラドーはすももの木の下に、お父さんの笛をうめました。そして新しい笛を取り出すと、ゆっくりとふき始めました。
「ダラ　バ　ダラ
谷から谷へ
パグマンの風を
君に送るよ。
世界一美しいぼくの村の風を。」

（令和六年度版　東京書籍　新編　新しい国語　四下　小林 豊）

上の1～4の文章を読んで、答えましょう。

1 村は、すっかり様子が変わっていたのはなぜですか。○をつけましょう。
（○）何もかもこわされていたから。

（　）人の数がふえていたから。

2 ミラドーが大きな声でさけぶと、答える人はいましたか。○をつけましょう。
（　）ヤモが答えてくれた。

（○）こたえる人はだれもいなかった。

3 (1) ミラドーは、村の外れに、どんなすももの木を見つけましたか。
（**焼けこげた**）すももの木

(2) すももの木のえだ先に、何がついていましたか。
小さなつぼみ

4 (1) ミラドーはすももの木の下に、何をうめましたか。
お父さんの笛

(2) パグマンの風とは、どんな風だといっていますか。
（**世界一美しいぼくの村**）の風

43頁

物語
世界一美しい村へ帰る ④

名前

1 次の日、まだ暗いうちに、ミラドーは村を後にして、町へ向かいました。
――町へ行けば、きっとヤモに会える。

そう思ったのです。やがて、山あいの雲海の中から町がうかび上がりました。ミラドーは朝日を浴びて、町の中へ入っていきました。

町は人でいっぱいでした。なつかしいにおいがあちこちからします。でも、知っている人はだれもいません。

2 ミラドーは、町の通りで笛をふき始めました。笛の音に引きつけられて、人々が集まってきます。人がきの中にロバの耳が見えました。
そして、

「真っ赤な頭のさくらんぼ、取ったか、食べたか、食べずに死んだか。」

と、なつかしい歌声が聞こえました。

ミラドーが声のした方を見ると、そこには、ヤモが立っていました。

3 「ヤモ！」
「お帰り、ミラドー！」

二人は、別れた日と同じように、ほっぺたとほっぺたをくっ付けて、しっかりとだき合いました。

二人は、作物の種の入った荷物をかついで、村へ帰ります。春、村は緑でいっぱいになるでしょう。

4 世界一美しい村は、今も、みんなの帰りを待っています。

（令和六年度版　東京書籍　新編　新しい国語　四下　小林 豊）

上の1～4の文章を読んで、答えましょう。

1 (1) そう思ったとありますが、ミラドーはどう思いましたか。
町へ行けば、きっと
（**ヤモに会える**）。

(2) 町では、どんなにおいがしましたか。○をつけましょう。
（　）かいだことのないにおい
（○）なつかしいにおい

2 (1) ミラドーは、町の通りで何を始めましたか。
笛をふき始めました。

(2) なつかしい歌声とは、だれの声ですか。○をつけましょう。
（　）ミラドーの声
（○）ヤモの声

3 (1) 二人は、どのようにだき合いましたか。
（**別れた日**）と同じように、

（**ほっぺたとほっぺた**）をくっ付けて、しっかりとだき合いました。

(2) 春、村はどうなるでしょうか。
（**緑**）で（**いっぱい**）になるでしょう。

4 世界一美しい村は、今も、何を待っていますか。
みんなの帰り

44頁

ノンフィクション
神様の階段 ①

名前

1 ここは、インドネシアのバリ島。暑い、暑い、熱帯の島だ。

2 ぼくがこの島をおとずれようと思ったのは、ここには、昔ながらの美しい田んぼがたくさんのこっていると聞いたからだ。
それは、いつも見ている日本の田んぼと、どうちがうのだろう。

3 太陽がしずむと、気温が一気に下がり、あたりが急に青ずんできた。目の前にどうどうとそびえるのは、アグン山だ。バリ島の人々は、昔から、島でいちばん高いこの山を、神様の住むしんせいな場所として大切にしてきた。明日は、あの山にもっと近づいてみよう。

＊「日本」は「にほん」とも読みます。

（令和六年度版　光村図書　国語　四年上　かがやき　今森 光彦）

上の1～3の文章を読んで、答えましょう。

1 ここは、どこの国の、何という島ですか。
① どこの国　**インドネシア**
② 何という島　**バリ島**

2 ぼくがこの島をおとずれようと思ったのは、なぜですか。
ここには、（**昔ながらの美しい田んぼ**）がたくさんのこっていると聞いたから。

3 (1) 目の前にどうどうとそびえるのは、何という山ですか。
（**アグン**）山

(2) アグン山について、当てはまるもの二つに○をつけましょう。
（　）遠くに小さく見える青ずんだ山。

（○）島でいちばん高い山。

（○）神様が住むしんせいな場所として大切にされている山。

(3) あの山の名前を書きましょう。
アグン山

45頁

ノンフィクション
神様の階段 ②

名前

1 朝、山に向かって歩きだすと、すぐに玉のようなあせがふき出てきた。草いきれにまじって、どこからか、水をふくんだ土のにおいがする。
急なしゃめんを上ると、目の前に、段々になった田んぼ、たな田が広がっていた。

2 小さなため池もある。いろいろな水草がしげっていて、メダカやゲンゴロウが泳いでいる。このため池は、きっと、山から流れてくるつめたい水を田んぼに入れる前に温めたり、食べるための魚をかったりするために作られているのだろう。
そういえば、ぼくが子どものころには、近くの田んぼにもこんなため池があって、魚つりをして遊んだものだった。

3 あぜ道には、いろいろな花がさいている。目にとまった白い花の名前を、通りかかった農家の人にきいてみた。
ブンガ・ビンタン。

「星の花」という意味だそうだ。

ぼくは、足元のこんな小さな花に、そんなすてきな名前をつけるバリ島の人たちのことが、すっかりすきになってしまった。


（令和六年度版　光村図書　国語　四年上　かがやき　今森 光彦）

上の1～3の文章を読んで、答えましょう。

1 (1) 山に向かって歩き出すと、どんなにおいがしましたか。
草いきれにまじって、どこからか、（**水をふくんだ土**）のにおいがする。

(2) 段々になった田んぼのことを、何といいますか。
たな田

2 (1) 小さなため池には、どんな生き物が泳いでいましたか。二つ書きましょう。
※順不同
メダカ
ゲンゴロウ

(2) 小さなため池は、どんなことをするために作られているのですか。二つ書きましょう。
① 山から流れてくる（**つめたい水**）を（**田んぼ**）に入れる前に温めるため。
② （**食べる**）ための（**魚**）をかったりするため。

3 白い花について答えましょう。
① 名前を書きましょう。
ブンガ・ビンタン
② 名前の意味を答えましょう。
星の花

※児童に取り組ませる前に、必ず先生が問題を解いてください。本書の解答や指導にあたっては、あくまで１つの例です。児童の多様な考えに寄り添って、○つけをお願いします。

解答例

※ワークシートと解答例は、学習する児童の実態にあわせて拡大してお使いください。

46頁

ノンフィクション
神様の階段 ③

名前

1
あぜ道にそって流れる小さな川が、水音を立てている。
㋐この小さな川は、あみの目のようにあたりをめぐっている。
そうして、田んぼに入ったり、石段を下りたり、時には、ちょっと大きな べつの川に合流したりする。水が血液のように流れていて、まるで㋑田んぼ全体が命をもった生き物のようだ。

2
小高いおかの向こうでは、何人もの人が田植えをしていた。子どもたちも手伝っている。
こしをかがめ、一かぶ、一かぶ、手で植えていくのは、㋒たいへんな作業だ。

3
そして、㋓おどろいたことには、そのとなりの田んぼでは、いねかりをしている。かり取ったいねを木の台にたたきつけて、だっこくをしていた。

（令和六年度版　光村図書　国語　四年上　かがやき　今森　光彦）

上の1～3の文章を読んで、答えましょう。

1
(1) ㋐この小さな川は、何のようにあたりをめぐっていますか。
あみの目
(2) まるで㋑田んぼ全体が、何のようだといっていますか。
（**命**）をもった（**生き物**）のようだ。

2
(1) 小高いおかの向こうでは、何をしていましたか。
田植え
(2) ㋒たいへんな作業とは、どんな作業ですか。
（**こし**）をかがめ、一かぶ、一かぶ、（**手**）で植えていく作業。

3
(1) ㋓おどろいたことには、となりの田んぼでは、何をしてたのですか。二つに○をつけましょう。
（　）田植え
（○）いねかり
（○）だっこく

46

47頁

ノンフィクション
神様の階段 ④

名前

1
バリ島は一年を通じて気温が高いので、決まった時期に田植えをする必要がない。
だから、それぞれの田んぼで、いねかりの時期もちがっているのだ。

2
田植えの時期の水面が見える田んぼ、青々としげった緑の田んぼ、黄金色に実った田んぼ、いねがかり取られた後の田んぼ。
高い所からながめると、㋐バリ島のたな田は、パッチワークのようなもようを作り出す。春夏秋冬の四季になれた日本人には、とてもふしぎな風景だ。

3
林を上っていると、とつぜん、あざやかな色が目に飛びこんできた。色とりどりの服やズボンが、草の上に広げてある。㋑ふろしきのような大きなぬのは、こしにまき付ける、サルンというものだ。

4
あせやどろでよごれてしまったものを、下の川でせんたくして、ほしているのだろう。のんびりとひなたぼっこでもしているような㋒たくさんの服は、田んぼの仕事のたいへんさとともに、働くことのよろこびも、感じさせてくれるようだった。

（令和六年度版　光村図書　国語　四年上　かがやき　今森　光彦）

上の1～4の文章を読んで、答えましょう。

1
バリ島では、なぜ決まった時期に田植えをする必要がないのですか。
バリ島は一年を通じて（**気温が高い**）から。

2
高い所からながめると、㋐バリ島のたな田では、どんな田んぼが見られますか。四つ書きましょう。
① （**田植え**）の時期の（**水面**）が見える田んぼ
② （**青々としげった**）緑の田んぼ
③ （**黄金色**）に実った田んぼ
④ いねが（**かり取られた**）後の田んぼ

3
㋑ふろしきのような大きなぬのを、何といいますか。
サルン

4
㋒たくさんの服は、どんなことを感じさせてくれるようでしたか。
田んぼの仕事の（**たいへんさ**）とともに、（**働くことのよろこび**）も、感じさせてくれる。

47

48頁

詩
自分だけの詩集を作ろう

名前

1
まんげつ
みずかみ　かずよ

でっかいつきだ
セメントこうばの　えんとつおして
のん　のん　のん　のん　のん
ぼくのかたにのっかりそうだ

2
月
こやま　峰子

雲のうんだ　たまご

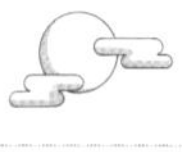

3
上弦の月
堀田　美幸

すっかり明けきった
青空に
うすく浮かんだ
半分だけのお月さま
もう半分を
さがしてる

（令和六年度版　光村図書　国語　四年下　はばたき「自分だけの詩集を作ろう」による）

1の詩を読んで、答えましょう。
(1) 「でっかいつき」におされているものは、何ですか。
セメントこうばの（**えんとつ**）
(2) 「でっかいつき」は、どこにのっかりそうですか。
ぼくのかた

2の詩を読んで、答えましょう。
この詩に出てくる月に、○をつけましょう。
（○）（　）

3の詩を読んで、答えましょう。
(1) 「すっかり明けきった　青空に」とありますが、いつのことを表していますか。一つに○をつけましょう。
（○）朝　（　）夕方　（　）夜中
(2) この詩に出てくる月に、○をつけましょう。
（○）（　）

48

49頁

詩
きみに

名前

きみに
和合　亮一

1
きみに　はじめて
手紙を書いた
㋐そしてすぐに
読んでみたんだ

2
青い空を
吹いていた風や
しずかな波の音や
かすかな鳥の声が
文字と
文字のあいだに
㋑聞こえた気がした

3
だから
きみの新しい住所と
名前を　きちんと
書こうと思った

4
この町の雲や
星や　道や　朝を
㋒紙のうえにのせるようにして
四つに折って
大切に
封筒にいれて
どきどきしている
㋓この心も
おくります

（令和六年度版　東京書籍　新編　新しい国語　四下　和合　亮一）

上の詩を読んで、答えましょう。

1
(1) だれに、手紙を書きましたか。
きみ
(2) 手紙を書いて㋐すぐに、どうしましたか。
読んでみた

2
どんな音や声が㋑聞こえた気がしたのですか。
（**青い空**）を吹いていた風や
（**しずかな波**）の音や
（**かすかな鳥**）の声。

3
何を、きちんと書こうと思ったのですか。
きみの（**新しい住所**）と（**名前**）

4
(1) この町の何を、㋒紙のうえにのせるようにして　といっていますか。
この町の**雲**や**星**や**道**や**朝**を
(2) 四つに折ってどのように封筒にいれて　といっていますか。
大切に　封筒にいれて
(3) どんな㋓この心も　おくります　といっていますか。○をつけましょう。
（　）はらはらしているこの心
（○）どきどきしているこの心

49

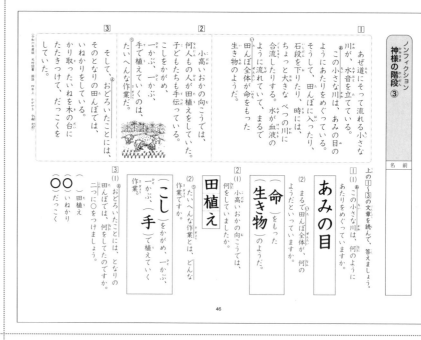

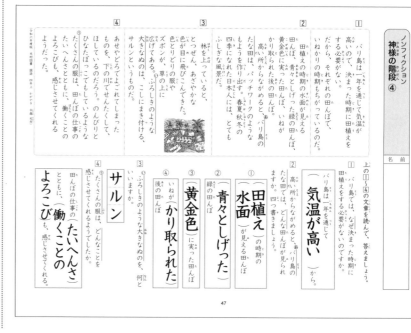

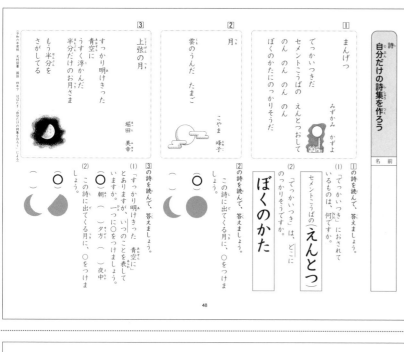

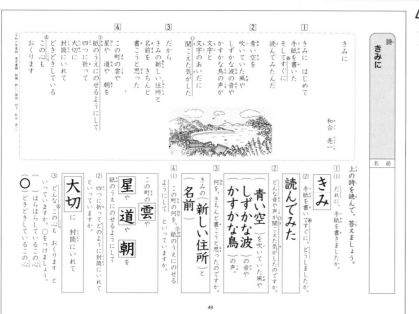

※児童に取り組ませる前に、必ず先生が問題を解いてください。本書の解答や指導にあたっては、あくまで１つの例です。児童の多様な考えに寄り添って、○つけをお願いします。

解答例

※ワークシートと解答例は、学習する児童の実態にあわせて拡大してお使いください。

50頁

短歌・俳句
短歌①

名前

石走る垂水の上のさわらびの
萌え出づる春になりにけるかも
志貴皇子

〈意味〉
岩の上をいきおいよく
流れるたきのそばの、わらびが
芽を出す春になったのだなあ。

※垂水…がけを落ちる水の流れ。たき。

（令和六年度版　光村図書　国語　四年上　かがやき「短歌・俳句に親しもう（一）」による）

上の短歌とその意味を読んで、答えましょう。

(1) 言葉の調子のよいところで、五つの部分に分けて、ひらがなで書きましょう。

いわばしる
たるみのうえの
さわらびの
もえいづる（ず）はるに
なりにけるかも

(2) この短歌がよまれた季節はいつですか。一つに○をつけましょう。

（○）春　（　）夏　（　）秋　（　）冬

(3) 何が萌え出づるのですか。短歌の中の言葉で書きましょう。

さわらび

(4) 萌え出づるとは、どんな意味ですか。〈意味〉からさがして書きましょう。

芽を出す

50

51頁

短歌・俳句
短歌②

名前

君がため春の野に出でて若菜摘む
我が衣手に雪は降りつつ
光孝天皇

〈意味〉
あなたのために、
春の野に出かけて若菜を摘む
わたしのそでに、
雪がずっと降りつづいている。

※我が衣手…わたしのそで。

（令和六年度版　光村図書　国語　四年上　かがやき「短歌・俳句に親しもう（一）」による）

上の短歌とその意味を読んで、答えましょう。

(1) 言葉の調子のよいところで、五つの部分に分けて、ひらがなで書きましょう。

きみがため
はるののにいでて
わかなつむ
わがころもでに
ゆきはふりつつ

(2) 君がため（あなたのために）、どこに出かけましたか。

春の野

(3) 我が衣手（わたしのそで）に、何が降りつづいていますか。

雪

(4) この短歌がよまれたのは、いつですか。○をつけましょう。

（○）冬から春になったばかりのころ。春のはじめ。
（　）春から夏になりそうなころ。春のおわり。

51

52頁

短歌・俳句
短歌③

名前

いにしへの奈良の都の八重桜
今日九重に匂ひぬるかな
伊勢大輔

〈意味〉
昔の都だった
奈良の八重桜が、
今日は、京都の九重（天皇の
住まい）で色美しくさいている
ことだ。

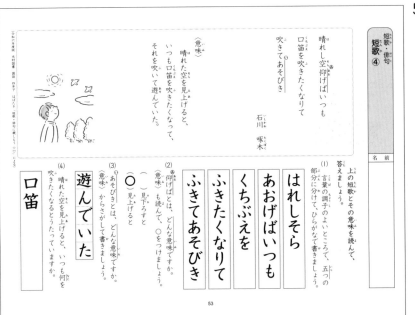

（令和六年度版　光村図書　国語　四年上　かがやき「短歌・俳句に親しもう（一）」による）

上の短歌とその意味を読んで、答えましょう。

(1) 言葉の調子のよいところで、五つの部分に分けて、ひらがなで書きましょう。

いにしへ（え）の
ならのみやこの
やえざくら
きょうここのえに
にほ（い）ひぬるかな

(2) この短歌がよまれた季節はいつですか。一つに○をつけましょう。

（○）春　（　）夏　（　）秋　（　）冬

(3) 八重桜が、昔さいていたのはどこですか。○をつけましょう。

（○）奈良　（　）京都

(4) 八重桜は、今日はどこでさいていますか。○をつけましょう。

（　）奈良　（○）京都

52

53頁

短歌・俳句
短歌④

名前

晴れし空仰げばいつも
口笛を吹きたくなりて
吹きてあそびき
石川啄木

〈意味〉
晴れた空を見上げると、
いつも口笛を吹きたくなって、
それを吹いて遊んでいた。

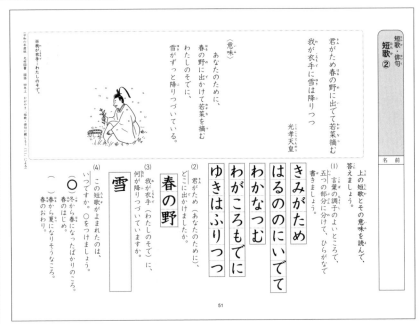

（令和六年度版　光村図書　国語　四年下　はばたき「短歌・俳句に親しもう（二）」による）

上の短歌とその意味を読んで、答えましょう。

(1) 言葉の調子のよいところで、五つの部分に分けて、ひらがなで書きましょう。

はれしそら
あおげばいつも
くちぶえを
ふきたくなりて
ふきてあそびき

(2) 仰げばとは、どんな意味ですか。〈意味〉も読んで、○をつけましょう。

（　）見下ろすと
（○）見上げると

(3) あそびきとは、どんな意味ですか。〈意味〉からさがして書きましょう。

遊んでいた

(4) 晴れた空を見上げると、いつも何を吹きたくなるとうたっていますか。

口笛

53

解答例

※ワークシートと解答例は、学習する児童の実態にあわせて拡大してお使いください。

54頁

短歌・俳句 短歌⑤　名前

金色のちひさき鳥のかたちして
銀杏ちるなり夕日の岡に
与謝野 晶子

〈意味〉
金色にかがやく
小さな鳥のような形をして、
銀杏の葉がちっている。
夕日の差す岡の上に。

上の短歌とその意味を読んで、答えましょう。

(1) 言葉の調子のよいところで、五つの部分に分けて、ひらがなで書きましょう。

こんじきの
ちひさきとりの
かたちして
いちょうちるなり
ゆうひのおかに

(2) 銀杏の葉は、何色だとうたわれていますか。○をつけましょう。

（　）緑色
（○）金色

(3) 銀杏の葉は、どんな鳥の形をしているとうたわれていますか。〈意味〉の中の言葉で書きましょう。

小さな鳥 のような形

(4) 銀杏は、どこにちっていますか。短歌の中の言葉で書きましょう。

夕日の岡

（令和六年度版 光村図書 国語 四年下 はばたき「短歌・俳句に親しもう（二）」による）

54

55頁

短歌・俳句 短歌⑥　名前

ゆく秋の大和の国の薬師寺の
塔の上なる一ひらの雲
佐佐木 信綱

〈意味〉
秋も終わりのころの
大和の国（今の奈良県）にある
薬師寺。
その塔を見上げると、
すんだ空に一片の雲が
うかんでいる。

上の短歌とその意味を読んで、答えましょう。

(1) 言葉の調子のよいところで、五つの部分に分けて、ひらがなで書きましょう。

ゆくあきの
やまとのくにの
やくしじの
とうのうえなる
ひとひらのくも

(2) この短歌がよまれた季節はいつですか。一つに○をつけましょう。

（　）春　（　）夏
（○）秋　（　）冬

(3) 薬師寺の塔の上には、何がありますか。短歌の中の言葉で書きましょう。

一ひらの雲

(4) この短歌には、「の」の字が何回使われていますか。

（六）回

（令和六年度版 光村図書 国語 四年下 はばたき「短歌・俳句に親しもう（二）」による）

55

56頁

短歌・俳句 俳句①　名前

1
梅一輪一輪ほどの暖かさ
服部 嵐雪

〈意味〉
まだ寒いけれど、
梅が一輪さいたら、
その一輪の分だけ、
春の暖かみを感じるよ。

2
雀の子そこのけそこのけ
御馬が通る
小林 一茶

〈意味〉
雀の子よ、
あぶないから、
そこをどきなさい。
お馬さんが通るよ。

1の俳句とその意味を読んで、答えましょう。

(1) 言葉の調子のよいところで、三つの部分に分けて、ひらがなで書きましょう。

うめいちりん
いちりんほどの
あたたかさ

(2) 季節がわかる言葉を書きましょう。

梅

2の俳句とその意味を読んで、答えましょう。

(1) 言葉の調子のよいところで、三つの部分に分けて、ひらがなで書きましょう。

すずめのこ
そこのけそこのけ
おうまがとおる

(2) 作者は、どちらに語りかけていますか。○をつけましょう。

（○）雀の子
（　）お馬さん

（令和六年度版 光村図書 国語 四年上 かがやき「短歌・俳句に親しもう（一）」による）

56

57頁

短歌・俳句 俳句②　名前

1
柿くへば鐘がなるなり法隆寺
正岡 子規

〈意味〉
柿を食べていると、
ちょうどそのとき、
鐘の音がひびいてきた。
ああ。法隆寺の鐘だ。

2
桐一葉日当たりながら落ちにけり
高浜 虚子

〈意味〉
桐の葉が一まい、秋の日の光に
照らされながら、落ちた。

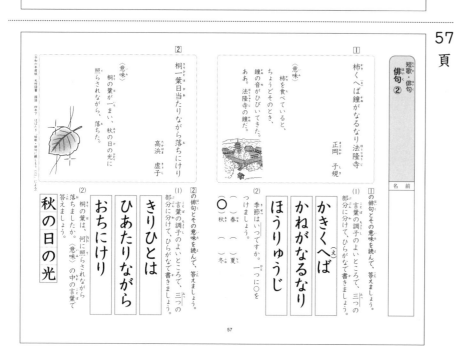

1の俳句とその意味を読んで、答えましょう。

(1) 言葉の調子のよいところで、三つの部分に分けて、ひらがなで書きましょう。

かきくへ（え）ば
かねがなるなり
ほうりゅうじ

(2) 季節はいつですか。一つに○をつけましょう。

（　）春　（　）夏
（○）秋　（　）冬

2の俳句とその意味を読んで、答えましょう。

(1) 言葉の調子のよいところで、三つの部分に分けて、ひらがなで書きましょう。

きりひとは
ひあたりながら
おちにけり

(2) 桐の葉は、何に照らされながら落ちましたか。〈意味〉の中の言葉で答えましょう。

秋の日の光

（令和六年度版 光村図書 国語 四年上 かがやき「短歌・俳句に親しもう（一）」による）

57

解答例

※ワークシートと解答例は、学習する児童の実態にあわせて拡大してお使いください。

58頁

きせつの言葉　春の楽しみ

俳句

名前

1

雛壇や襖はらひ(い)てはるかより

水原　秋櫻子

2

空をゆく一かたまりの花吹雪

高野　素十

（令和六年度版　光村図書　国語　四年上　かがやき「きせつの言葉　春の楽しみ」による）

1 の俳句を読んで、答えましょう。

(1) 五音、七音、五音の三つの部分に分けて、ひらがなで書きましょう。

ひなだんや
ふすまはらひて (い)
はるかより

(2) どの行事のことを、うたっていますか。一つに○をつけましょう。

（　）お正月
（　）節分
（○）ひなまつり

2 の俳句を読んで、答えましょう。

(1) 五音、七音、五音の三つの部分に分けて、ひらがなで書きましょう。

そらをゆく
ひとかたまりの
はなふぶき

(2) きせつを感じる言葉をひらがなで書きましょう。

はなふぶき

58

59頁

季節の言葉　夏の楽しみ

俳句

名前

1

ものなくて軽き袂や衣更

高浜　虚子

2

七夕や心もとなき朝ぐもり

高橋　淡路女

（令和六年度版　光村図書　国語　四年上　かがやき「季節の言葉　夏の楽しみ」による）

1 の俳句を読んで、答えましょう。

● 五音、七音、五音の三つの部分に分けて、ひらがなで書きましょう。

ものなくて
かろきたもとや
ころもがえ

2 の俳句を読んで、答えましょう。

(1) 季節がわかる言葉を書きましょう。

七夕

(2) どんな天気ですか。一つに○をつけましょう。

（　）晴れ
（○）くもり
（　）雨

59

60頁

季節の言葉　秋の楽しみ

短歌／俳句

名前

1

参道の／長きはたのし／七五三

山口　青邨

2

秋の野に／咲きたる花を／指折り／かき数ふ(う)れば／七種の花

山上　憶良

3

ちはやぶる神代も聞かず竜田川
から紅に水くくるとは

在原　業平

（令和六年度版　光村図書　国語　四年下　はばたき「季節の言葉　秋の楽しみ」による）

1 の俳句を読んで、答えましょう。

(1) どこで区切ると調子よく読めますか。二か所に／線を書き入れましょう。

(2) 何の行事についてうたっていますか。一つに○をつけましょう。

（　）月見　（　）秋祭り　（○）七五三

2 の短歌を読んで、答えましょう。

(1) どこで区切ると調子よく読めますか。四か所に／線を書き入れましょう。

(2) 季節が分かる言葉を書きましょう。

秋の野

3 の短歌を読んで、答えましょう。

五音・七音・五音・七音・七音の五つの部分に分けて、ひらがなで書きましょう。

ちはやぶる
かみよもきかず
たつたがわ
からくれないに
みずくくるとは

60

61頁

季節の言葉　冬の楽しみ

俳句／言葉

名前

1

使はざる部屋も灯して豆を撒く

馬場　移公子

（令和六年度版　光村図書　国語　四年下　はばたき「季節の言葉　冬の楽しみ」による）

1 の俳句を読んで、答えましょう。

(1) 五音、七音、五音の三つの部分に分けて、ひら(わ)がなで書きましょう。

つかはざる
へやもともして
まめをまく

(2) 何の行事のことを、うたっていますか。一つに○をつけましょう。

（　）お正月
（○）節分
（　）ひなまつり

2

(1) 次の言葉は、冬の行事を表した言葉です。関係する言葉を下から選んで、――線で結びましょう。

① 冬至　一年で最も昼の時間が短い日。（十二月二十二日ごろ）
② 大みそか　（十二月三十一日）
③ お正月

じょやのかね
おせち
かぼちゃ

（解答：① 冬至―かぼちゃ、② 大みそか―じょやのかね、③ お正月―おせち）

61

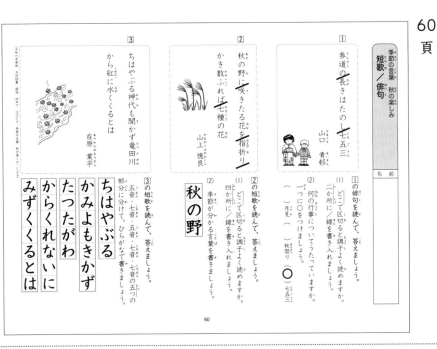

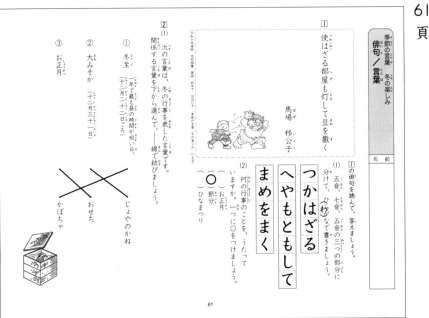

解答例

※ワークシートと解答例は、学習する児童の実態にあわせて拡大してお使いください。

62頁

説明文 思いやりのデザイン ①

名前

1

Aの案内図は、どこに、どんな建物があるかを、だれが見ても分かるように表しています。

そのため、あこのまちに来た多くの人の役に立ちます。

2

しかし、目的地が決まっている人にとっては、どうでしょうか。

たくさんの道や目印があるため、どの道順で行けばよいのか、いまよってしまうかもしれません。

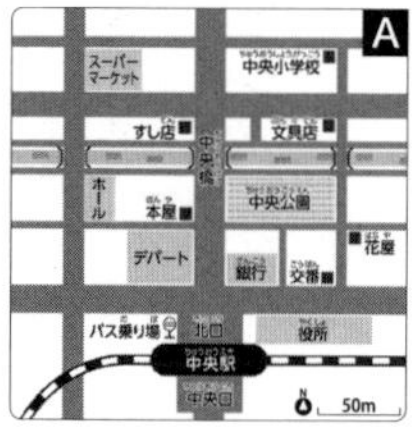

（令和六年度版 光村図書 国語 四年上 かがやき 木村 博之）

上の1・2の文章を読んで、答えましょう。

1 (1) Aの案内図は、何をどのように表していますか。

（どこ）に、（どんな建物）があるかを、（だれが見ても）分かるように表しています。

(2) あどんな人の役に立ちますか。

（このまちに来た）多くの人。

2 いまよってしまうかもしれないのは、何があるためですか。

（たくさん）の道や目印。

62

63頁

説明文 思いやりのデザイン ②

名前

1

いっぽう、Bの案内図は、目的地までの道順と目印になる建物だけを表しています。

まよわず安心して目的地に向かえるように、歩くときに見える景色をさまざまにそうぞうしながら、あ見る人にとっていちばん分かりやすい道順にしぼってしめしています。

2

しかし、まち全体の様子をい知りたい人にとっては、十分なものではありません。

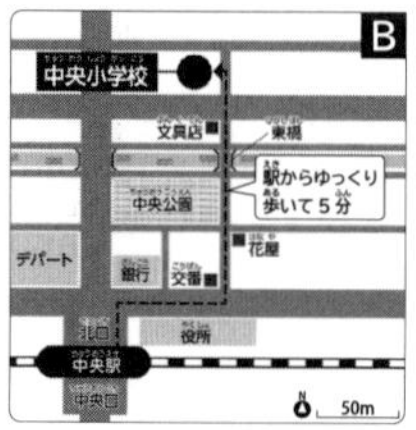

（令和六年度版 光村図書 国語 四年上 かがやき 木村 博之）

上の1・2の文章を読んで、答えましょう。

1 (1) Bの案内図は、どんなことを表していますか。二つ書きましょう。

① （目的地）までの（道順）。

② （目印）になる建物。

(2) Bの案内図は、あ見る人にとって、どんな道順にしぼってしめしていますか。

見る人にとって（いちばん分かりやすい）道順。

2 い何を知りたい人にとって、十分なものではないのですか。

（まち全体の様子）を知りたい人。

63

64頁

説明文 未来につなぐ工芸品 ①

名前

1

「工芸品」と聞いて、どのような物を思いうかべるでしょうか。

みなさんが毎日のくらしで使っている皿やはし、つくえやいす、かばんや紙などの中で、職人の手仕事で一つ一つ作られているものが、あ「工芸品」とよばれています。

2

日本各地で、いその土地の気候やしげんをいかした伝統的な工芸品が作られ、全国のお店で売られています。

3

職人は、使う人のことを大切に思い、ていねいに工芸品を作っています。うわたしは、そんな職人と、職人たちが生み出す工芸品が大すきで、工芸品のよさを伝える仕事をしています。

4

日本人の生活の変化などから、昔にくらべて工芸品を使う人がへり、職人の数も少なくなっていますが、えわたしは、工芸品を未来の日本にのこしていきたいと考えています。

それには、二つの理由があります。

＊「日本」は「にほん」とも読みます。

（令和六年度版 光村図書 国語 四年下 はばたき 大牧 圭吾）

上の1～4の文章を読んで、答えましょう。

1 毎日のくらしで使っているものの中で、どんなものがあ工芸品とよばれていますか。

職人の（手仕事）で（一つ一つ）作られているもの

2 日本各地で、いその土地の何をいかした伝統的な工芸品が作られていますか。

その土地の（気候やしげん）

3 (1) 職人は、どんなことを大切に思い、ていねいに工芸品を作っていますか。

（使う人のこと）

(2) うわたしの仕事は、何を伝える仕事ですか。

（工芸品のよさ）を伝える仕事

4 (1) 工芸品や職人について書きましょう。

昔にくらべて工芸品を使う人が（へり）、職人の数も（少なく）なっています。

(2) えわたしは、どんなことをしていきたいと考えていますか。

工芸品を（未来の日本にのこしていきたい）と考えています。

64

65頁

説明文 未来につなぐ工芸品 ②

名前

1

一つ目の理由は、工芸品が、過去、げんざいと続いてきた日本の文化やげいじゅつを、未来につないでくれることです。

2

例えば、奈良県に、あ「奈良墨」という工芸品があります。奈良墨は、千年以上も前から、文字や絵をかくための道具として使われてきました。

い木や紙にかかれた墨は、今も消えることなくのこっていて、当時の文化をわたしたちに伝えてくれています。

3

そして、げんざいも、書家や画家、墨で文字や絵をかくことを楽しむ人たちの中に、色合いが美しく、かきごこちのよいう奈良墨を使っている人が多くいます。

そうしてかかれたものは、未来に、今を伝えてくれることでしょう。

4

茶道で使う茶わん、落語家のせんす、祭りのときのちょうちんや和だいこなども同じです。

職人が作るえさまざまな工芸品があるからこそ、日本の文化やげいじゅつを未来にのこせるのです。

＊「日本」は「にほん」とも読みます。

（令和六年度版 光村図書 国語 四年下 はばたき 大牧 圭吾）

上の1～4の文章を読んで、答えましょう。

1 工芸品は、何を未来につないでくれますか。

過去、げんざいと続いてきた（日本の文化やげいじゅつ）。

2 (1) あ奈良墨について答えましょう。

① いつから使われてきましたか。

（千年）以上も前から

② どんな道具として使われてきましたか。

（文字）や（絵）をかくための道具

(2) い木や紙にかかれた墨は、何をわたしたちに伝えてくれていますか。

（当時の文化）

3 げんざいも、う奈良墨を使っている人が多くいるのはなぜですか。

（色合い）が美しく、（かきごこち）がよいから。

4 えさまざまな工芸品があるからこそ、どんなことができるといっていますか。

日本の（文化）や（げいじゅつ）を（未来）にのこせるのです。

65

※児童に取り組ませる前に、必ず先生が問題を解いてください。本書の解答や指導にあたっては、あくまで１つの例です。児童の多様な考えに寄り添って、○つけをお願いします。

解答例

※ワークシートと解答例は、学習する児童の実態にあわせて拡大してお使いください。

66頁

説明文
風船でうちゅうへ ①

名前

1 子どものころから、いつか、うちゅうへ行くものを、何か、自分で作りたいと考えていました。

2 しかし、大学でうちゅうについて勉強すると、それには、大がかりなそうちや、たくさんの人、さらには、多くのお金が㋐必要だと分かり、とても自分にはできそうにないとあきらめかけていました。

3 ところが、二〇一一年八月、大学生活最後の夏休みに、「アメリカの大学生が、自作そうちで、うちゅうと地球をさつえいした」という㋑ニュースを目にしました。㋒記事には、自分で作ったそうちとカメラを風船につるして、うちゅうをさつえいしたということが書かれていました。

4 「これなら、自分でもできるかもしれない。」そんな思いから、わたしのちょうせんは始まりました。

（令和六年度版　光村図書　国語　四年下　はばたき　岩谷　圭介）

上の1〜4の文章を読んで、答えましょう。

1 筆者は子どものころから、どんなことを考えていましたか。

いつか、（うちゅうへ行くもの）を、何か、（自分で作りたい）と考えていました。

2 (1) 何が㋐必要だと分かりましたか。三つ書きましょう。

※順不同

大がかりなそうち

たくさんの人

多くのお金

(2) 筆者はどう思ってあきらめかけていましたか。

とても自分には（できそうにない）とあきらめかけていました。

3 (1) 筆者は、どんな㋑ニュースを目にしましたか。

「アメリカの（大学生）が、（自作そうち）て、（うちゅうと地球）をさつえいした」というニュース。

(2) ㋒記事には、自分で作ったそうちとカメラを、何につるしたと書かれていましたか。

風船

4 どんな思いから、わたしのちょうせんは始まりましたか。

「これなら、自分でも（できるかもしれない）。」という思い。

67頁

説明文
風船でうちゅうへ ②

名前

1 二か月後の十月、㋐一号機が完成しました。カメラをはっぽうスチロールでおおったそうちに、二十五個の風船を付けたものです。

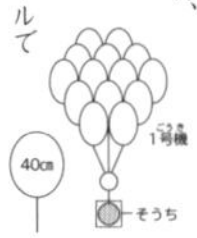

2 うちゅうをさつえいするための最初の実験として、百メートルほどの高さまで飛ばしてみることにしました。カメラは、小さくて軽い、動画がとれるものにし、一号機がどこかへ行ってしまわないように、ひもを付けて、地上とつなぐことにしました。

3 通っていた北海道大学の、広い農地から打ち上げた一号機は、百メートルほどの高さまでふんわりと上がり、空にただよいました。しかし、回収したカメラにうつっていたのは、ぐわんぐわんと㋑ゆれたえいぞうで、ポコポコという音も聞こえました。わたしは、風船どうしがぶつかり、そのゆれが、カメラに伝わってしまったのではないかと考えました。

4 物事には、やってみて初めて分かることがあります。一号機の失敗は、次に進むためのヒントをくれました。

（令和六年度版　光村図書　国語　四年下　はばたき　岩谷　圭介）

上の1〜4の文章を読んで、答えましょう。

1 ㋐一号機は、どんなものですか。

（カメラ）を（はっぽうスチロール）でおおったそうちに、（二十五）個の風船を付けたもの。

2 最初の実験について、あてはまるもの二つに○をつけましょう。

（○）百メートルほどの高さまで飛ばしてみることにした。

（　）カメラは、大きくて重く動画がとれるものにした。

（○）一号機にひもを付けて地上とつないだ。

3 (1) 一号機は、どこから打ち上げましたか。

通っていた北海道大学の、（広い農地）。

(2) 回収したカメラにうつっていたのは、㋑ゆれたえいぞうだったのは、なぜだと考えましたか。

（風船どうし）がぶつかり、そのゆれが、（カメラ）に伝わってしまったのではないかと考えました。

4 一号機の失敗は、何をくれましたか。

次に進むためのヒント

68頁

説明文
風船でうちゅうへ ③

名前

1 二号機は、少し大きな風船を一個だけ付けて、打ち上げました。

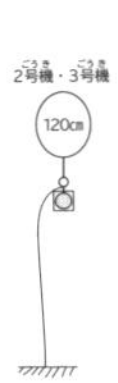

2 これでうまくいくと思いましたが、今度は、別の失敗をしました。二号機を㋐飛ばしてすぐに、二号機と地上とをつないだひもがぴんとはったかと思うと、不意に力がぬけたのです。風が強い日だったので、二号機はあっというまに風に流されて、空のかなたへ消えました。

3 そうちと風船をつなぐ金具に結んでいたひもが、ほどけてしまったのです。㋑げんいんは、ひもの結び方がゆるかったことと、風の弱い日まで実験を待てなかったことでした。

4 カメラを回収できなかったので、風船を一個にしたことがよかったのかどうかも㋒分かりません。回収することの大切さを感じた㋓失敗でした。

（令和六年度版　光村図書　国語　四年下　はばたき　岩谷　圭介）

上の1〜4の文章を読んで、答えましょう。

1 二号機は、どんな風船を、何個付けて、打ち上げましたか。

（少し大きな）風船を（一）個だけ付けて、打ち上げました。

2 (1) 二号機を㋐飛ばしてすぐに、どんなことがありましたか。

二号機と（地上）とをつないだ（ひも）がぴんとはったかと思うと、不意に（力がぬけた）のです。

(2) なぜ、二号機はあっというまに風に流されて、空のかなたに消えたのですか。

（風の強い日だった）ので。

3 ひもが、ほどけてしまった㋑げんいんは、何ですか。二つ書きましょう。

① ひもの結び方が、（ゆるかった）こと。

② 風の（弱い日）まで、実験を待てなかったこと。

4 (1) カメラを回収できなかったので、何が㋒分かりませんでしたか。

（風船を一個にしたこと）がよかったのかどうか。

(2) どんなことを感じた㋓失敗でしたか。

（回収することの大切さ）を感じた失敗でした。

69頁

説明文
風船でうちゅうへ ④

名前

1 三号機は、前回の教訓から、ひもの結び方を㋐改良し、風の弱い日を㋑選んで打ち上げました。三号機は、順調に空に上がり、無事にカメラも回収できました。えいぞうを見ると、一号機のものより、ゆれがずっと小さくなっていました。

2 さて、ここまではひもを付けて実験しましたが、これでは、うちゅうがさつえいできるほど高くは飛べません。四号機からは、ひもなしで飛ばすことにしました。

3 三号機までの実験で、風船は一個がよいと分かったので、できるだけ大きい風船をさがしました。しかし、㋒うちゅうがさつえいできる高さまで上がるほど大きいものは、なかなか見つかりません。ゆれの問題があるのは分かっていましたが、㋓高く上げることを第一に考え、風船を三つ使うことにしました。

（令和六年度版　光村図書　国語　四年下　はばたき　岩谷　圭介）

上の1〜3の文章を読んで、答えましょう。

1 (1) 三号機は、何を㋐改良しましたか。

ひもの結び方

(2) どんな日を㋑選んで打ち上げましたか。

風の（弱い日）

2 ここまではひもを付けて実験しましたが、これでは、どんなことができませんか。

うちゅうが（さつえいできる）ほど（高く）は飛べません。

3 (1) 三号機までの実験で、どんなことが分かりましたか。

風船は（一個がよい）と分かった。

(2) ㋒うちゅうがさつえいできる高さまで一個で上がるほど大きい風船は見つかりましたか。○をつけましょう。

（　）すぐに見つかった。

（○）なかなか見つからなかった。

(3) ㋓高く上げることを第一に考え、風船はいくつ使うことにしましたか。

（三）つ

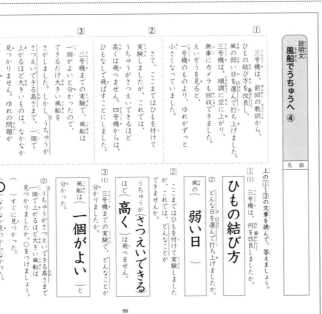

※児童に取り組ませる前に、必ず先生が問題を解いてください。本書の解答や指導にあたっては、あくまで１つの例です。児童の多様な考えに寄り添って、○つけをお願いします。

解答例

※ワークシートと解答例は、学習する児童の実態にあわせて拡大してお使いください。

70頁

説明文
風船でうちゅうへ ⑤

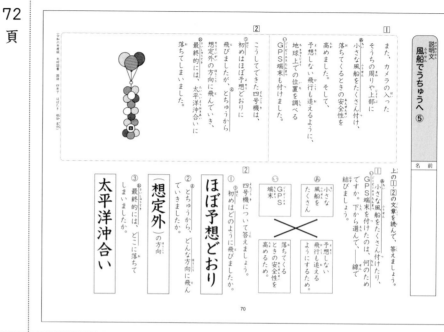

名前

1
また、カメラの入った
そうちの周りや上部に
Ⓐ小さな風船をたくさん付け、
落ちてくるときの安全性を
高めました。そして、
予想しない飛行も追えるように、
地球上での位置を調べる
Ⓘ GPS端末も付けました。

2
こうしてできた四号機は、
Ⓤ初めはほぼ予想どおりに
飛びましたが、Ⓔとちゅうから
想定外の方向に飛んでいき、
Ⓞ最終的には、太平洋沖合いに
落ちてしまいました。

（令和六年度版　光村図書　国語　四年下　はばたき　岩谷　圭介）

上の1・2の文章を読んで、答えましょう。

1 Ⓐ小さな風船をたくさん付けたり、Ⓘ GPS端末を付けたりしたのは、何のためですか。下から選んで、──線で結びましょう。

Ⓐ 小さな風船をたくさん　──　落ちてくるときの安全性を高めるため。
Ⓘ GPS端末　──　予想しない飛行も追えるようにするため。

2 四号機について答えましょう。
① Ⓤ初めはどのように飛びましたか。
ほぼ予想どおり
② Ⓔとちゅうから、どんな方向に飛んでいきましたか。
（**想定外**）の方向
③ Ⓞ最終的には、どこに落ちてしまいましたか。
太平洋沖合い

71頁

説明文
広告を読みくらべよう

名前

1
わたしたちの身の回りには、
たくさんの商品のさまざまな広告が
あります。コマーシャルやポスター、
ちらしも広告の一種です。

2
広告は、できるだけ多くの人に
その商品を買ってもらうために、
商品の特ちょうやすぐれている
ところを伝える必要があります。
多くの人の目にとまることも大切です。
そのため、特に、印刷された
Ⓐ動かない広告は、
ポスターやちらしなどのような
写真の選び方や使い方、色やデザイン、キャッチコピー、
などにくふうがこらされています。

3
また、同じ商品であっても、
その商品を売ろうとする相手によって、
ちがう広告が作られることもあります。
Ⓘより買いたいと思ってもらうためには、
相手に合わせたメッセージを伝える
ことが大切になるからです。

4
このように、広告には目的があり、
作り手の意図がこめられています。
つまり、広告は、その意図に合わせて、
表し方がくふうされているのです。
Ⓤ身の回りの広告を見るときには、
その広告の目的や
作り手の意図を
考えるようにしましょう。

（令和六年度版　東京書籍　新編　新しい国語　四上「広告を読みくらべよう」による）

上の1～4の文章を読んで、答えましょう。

1 (1) わたしたちの身の回りには、どんな広告がありますか。
たくさんの（**商品**）の（**さまざまな**）広告

(2) 広告の種類を三つ書きましょう。
※順不同
コマーシャル
ポスター
ちらし

2 (1) 広告は、何のために、商品の特ちょうやすぐれているところを伝える必要があるのですか。
できるだけ（**多くの人**）に
その商品を（**買ってもらう**）ため。

(2) Ⓐ動かない広告とは、どんな広告のことですか。
印刷された（**ポスター**）や
（**ちらし**）などのような広告

3 Ⓘより買いたいと思ってもらうためには、何を伝えることが大切になりますか。
相手に（**合わせた**）メッセージ

4 Ⓤ身の回りの広告を見るときには、どんなことを考えるようにすればいいですか。
その広告の（**目的**）や
作り手の（**意図**）

72頁

説明文
数え方を生み出そう ①

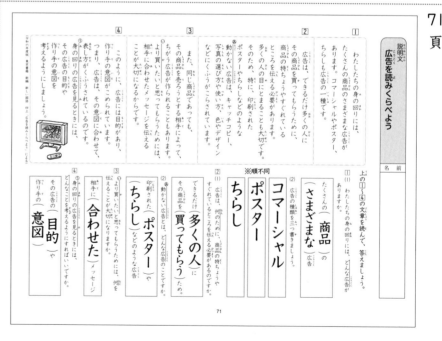

名前

1
日本語の数え方は
約五百種類もあるといわれて
います。
それらの多くは、物の形に
注目したり、
生物と無生物で別の言い方を
したり、乗り物や道具などを
表すときに用いたりする
言葉です。

2
例えば、えん筆などの
細長い物なら「一本」、
紙や板のように
平べったい物なら「一枚」、
ネコのように
小さな動物なら「一匹」、
石のような
無生物なら「一個」、
自動車などの乗り物なら
「一台」といった
ぐあいに使い分けています。
これらは、わたしたちが
数える物を
どう見ているかを
Ⓐ決める役わりを果たしています。

※無生物…生命をもたないもの。水や鉱物（石や金）など。

（令和六年度版　東京書籍　新編　新しい国語　四下　飯田　朝子）

上の1・2の文章を読んで、答えましょう。

1 日本語の数え方は約何種類あるといわれていますか。
約（**五百**）種類

2 (1) 次の①～③のものは、どのように数えますか。下から選んで──線で結びましょう。
① 細長い物　──　一本
② 乗り物　──　一台
③ 平べったい物　──　一枚

(2) ネコはどのように数えますか。○をつけましょう。
（　）一個
（**○**）一匹

(3) Ⓐものの数え方は、どんなことを決める役わりを果たしていますか。
わたしたちが（**数える物をどう見ているか**）を決める役わり。

73頁

説明文
数え方を生み出そう ②

名前

1
日本語を正しく使うために
正しい数え方を
身につけることは、
とても大切です。
しかし、それは
わたしたちのものの見方を
Ⓐせばめてしまうことも
あります。
ニンジンを見ても
えん筆を見ても、
それらを「本」と
数えるときには、
Ⓘ細長いという特ちょうにしか
目が行かなくなるのです。

2
改めて気づくのは、日本語の
数え方には、色やにおい、
かたさや手ざわり、温度、味、
古さ、好ききらいなどを
Ⓤ表すものがほとんどない
ということです。
もし、こういった特ちょうを
表す数え方が生まれたら、
日本語はもっと便利で
表情ゆたかに
なるかもしれません。

（令和六年度版　東京書籍　新編　新しい国語　四下　飯田　朝子）

上の1・2の文章を読んで、答えましょう。

1 (1) 正しい数え方を身につけることは、なぜ大切なのですか。
日本語を（**正しく使う**）ため。

(2) 正しい数え方を身につけることで、何をⒶせばめてしまうことがありますか。
わたしたちの（**ものの見方**）

(3) 「本」と数えるときには、どんな特ちょうにしかⒾ目が行かなくなりますか。○をつけましょう。
（　）平べったいという特ちょう
（**○**）細長いという特ちょう

2 日本語の数え方には、どんなことを表すものが、Ⓤほとんどないのですか。
色や（**におい**）、
かたさや（**手ざわり**）、
温度、（**味**）、古さ、
（**好ききらい**）などを
表すもの。

解答例

※ワークシートと解答例は、学習する児童の実態にあわせて拡大してお使いください。

※児童に取り組ませる前に、必ず先生が問題を解いてください。本書の解答や指導にあたっては、あくまで１つの例です。児童の多様な考えに寄り添って、○つけをお願いします。

74頁

説明文 **数え方を生み出そう ③**

名前

1　数え方は、今あるものを正しく覚えて使うだけでなく、新しく生み出すことだってできるのです。そんなことができるのかと思うかもしれませんが、日本語の歩みの中では、めずらしいことではありません。

2　例えば、馬のように大きな動物を数える「一頭」は、明治時代に新しく生まれたものです。海外の本に書かれていた、動物を数える「ヘッド」という言葉を、日本の学者たちがヒントにしたのです。

3　「ヘッド」は、英語で「頭」の意味で、動物の頭数を数えるときにせん門家たちが使っていました。それまでの日本語では、馬でもネコでも「一匹」と数えていたので、動物の大きさのちがいを数え方で区別するのは、あ新しい発想でした

＊「日本」は「にほん」とも読みます。

（令和六年度版　東京書籍　新編　新しい国語　四下　飯田　朝子）

上の1〜3の文章を読んで、答えましょう。

1　数え方は、新しく生み出すことができますか。○をつけましょう。

（○）できる
（　）できない

2 (1)「一頭」は、どんな動物を数えるときに使いますか。

（馬のように）**大きな動物**

(2)「一頭」は、海外のどんな言葉を、日本の学者たちがヒントにしましたか。

ヘッド　という言葉

3 (1)「ヘッド」は英語で、どんな意味ですか。

頭　の意味

(2) それまでの日本語では、馬でもネコでも、どう数えていましたか。○をつけましょう。

（　）一頭
（○）一匹

(3) どんなことがあ新しい発想でしたか。

動物の大きさのちがいを（**数え方で区別する**）こと。

75頁

説明文 **数え方を生み出そう ④**

名前

1　その後にも、数え方は生まれ続けています。

2　家は「一軒」と数えますが、マンションなどの大型の集合住たくの場合には、「一棟」と数えることが多いようです。近年は広告などで、ごうかな建物を連想させる「一邸」という言葉も使われています。

3　にぎりずしの「一貫」も、記録によると、江戸時代からあるのではなく、にぎりずしをおいしそうに数えるために、昭和時代の終わりに生まれたもののようです。

※ごうか…とてもはでで、ぜいたくな様子。

（令和六年度版　東京書籍　新編　新しい国語　四下　飯田　朝子）

上の1〜3の文章を読んで、答えましょう。

1　その後の数え方について、当てはまる方に○をつけましょう。

（　）なくなり続けている。
（○）生まれ続けている。

2 (1) ①②の建物は、どう数えますか。下から選び、——線で結びましょう。

① 家 ——— 一軒
② 大型の集合住たく ——— 一棟

(2)「一邸」という言葉は、どんな建物を連想させますか。

（**ごうか**）な建物

3 (1) にぎりずしを「一貫」と数えるのは、いつの時代に生まれましたか。

（　）江戸時代
（○）昭和時代の終わり

(2) にぎりずしを「一貫」と数えるのは、どんなことのためですか。

にぎりずしを（**おいしそうに数える**）ため。

76頁

言葉 **都道府県名の漢字 ①（北海道・東北地方）**

名前

● 次の都道府県名の読みがなを（　）に、田に漢字を書きましょう。

① 北海道では、じゃがいもや玉ねぎが生産されています。
（**ほっかいどう**）　**北海道**

② りんごは、青森県の特産品の一つです。
（**あおもりけん**）　**青森県**

③ 岩手県では、わんこそばが有名です。
（**いわてけん**）　**岩手県**

④ 宮城県では、有名な七夕のお祭りが行われます。
（**みやぎけん**）　**宮城県**

⑤ なまはげは、秋田県で行われる行事です。
（**あきたけん**）　**秋田県**

⑥ 山形県では、さくらんぼの生産がさかんです。
（**やまがたけん**）　**山形県**

⑦ 赤べこは、福島県の工芸品です。
（**ふくしまけん**）　**福島県**

77頁

言葉 **都道府県名の漢字 ②（関東地方）**

名前

● 次の都道府県名の読みがなを（　）に、田に漢字を書きましょう。

① 茨城県では、メロンの生産がさかんです。
（**いばらきけん**）　**茨城県**

② 栃木県では、いちごが生産されています。
（**とちぎけん**）　**栃木県**

③ こんにゃくは、群馬県の特産品です。
（**ぐんまけん**）　**群馬県**

④ 埼玉県には、人形作りで有名なちいきがあります。
（**さいたまけん**）　**埼玉県**

⑤ 千葉県では、らっかせいが生産されています。
（**ちばけん**）　**千葉県**

⑥ 東京都は、日本の首都です。
（**とうきょうと**）　**東京都**

⑦ 神奈川県には、大きな港があります。
（**かながわけん**）　**神奈川県**

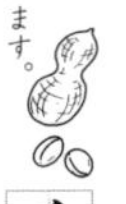

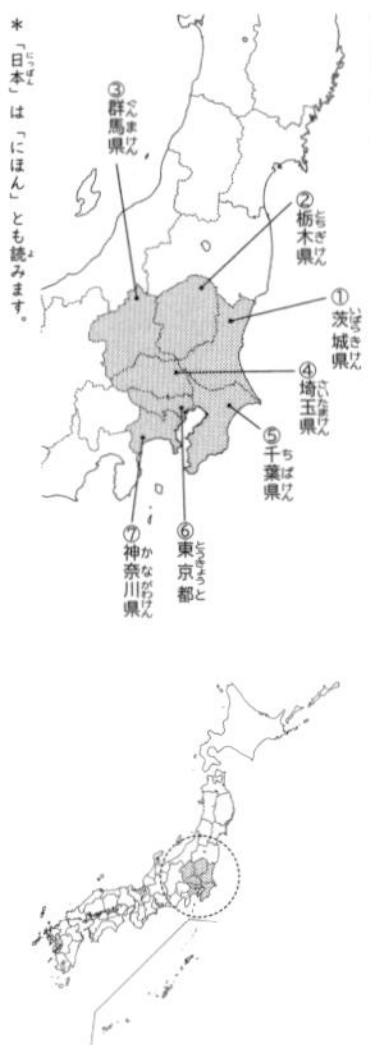

＊「日本」は「にほん」とも読みます。

解答例

※ワークシートと解答例は、学習する児童の実態にあわせて拡大してお使いください。

78頁

言葉 都道府県名の漢字 ③（中部地方）

名前

● 次の都道府県名の読みがなを（　）に、□に漢字を書きましょう。

① 新潟県は、お米の産地です。（にいがたけん） 新潟県

② 富山県には、大きなダムがあります。（とやまけん） 富山県

③ 石川県で、金ぱくは特産品です。（いしかわけん） 石川県

④ 福井県では、めがね作りがさかんです。（ふくいけん） 福井県

⑤ 山梨県は、ぶどうの産地です。（やまなしけん） 山梨県

⑥ 長野県では、きのこの生産量が多いです。（ながのけん） 長野県

⑦ 岐阜県では、うかいの見学ができます。（ぎふけん） 岐阜県

⑧ 静岡県から、富士山がよく見えます。（しずおかけん） 静岡県

⑨ 愛知県では、みそを使った料理が人気です。（あいちけん） 愛知県

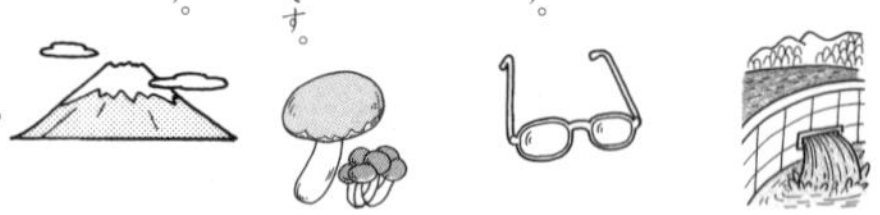

78

79頁

言葉 都道府県名の漢字 ④（近畿地方）

名前

● 次の都道府県名の読みがなを（　）に、□に漢字を書きましょう。

① 伊勢神宮は、三重県にある。（みえけん） 三重県

② 滋賀県には、日本一大きな湖、琵琶湖がある。（しがけん） 滋賀県

③ 清水寺は、京都府の有名なお寺です。（きょうとふ） 京都府

④ たこやきやおこのみやきは、大阪府の名物だ。（おおさかふ） 大阪府

⑤ 姫路城は、兵庫県にある。（ひょうごけん） 兵庫県

⑥ 大仏を見に、奈良県に行く。（ならけん） 奈良県

⑦ 和歌山県の梅干しは、有名だ。（わかやまけん） 和歌山県

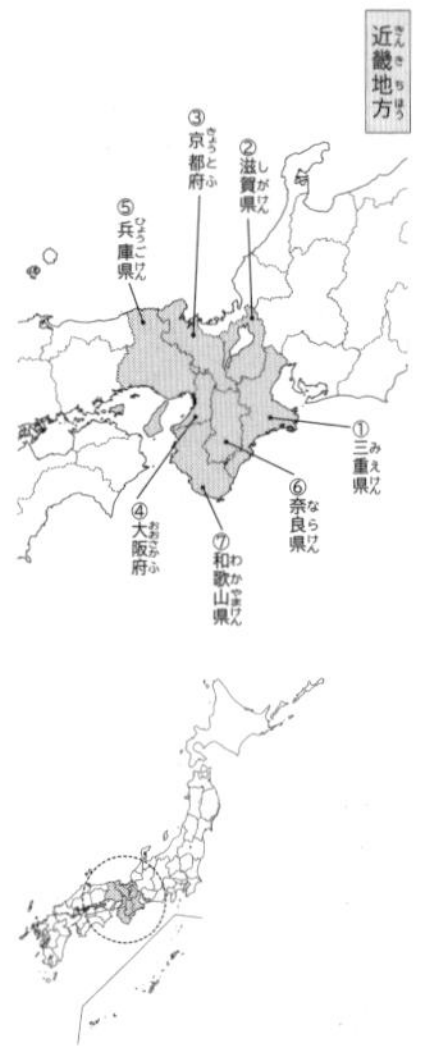

79

80頁

言葉 都道府県名の漢字 ⑤（中国・四国地方）

名前

● 次の都道府県名の読みがなを（　）に、□に漢字を書きましょう。

① 鳥取県には、広いさきゅうがある。（とっとりけん） 鳥取県

② 島根県には、シジミがたくさんとれる湖がある。（しまねけん） 島根県

③ 岡山県は、マスカットの産地として有名だ。（おかやまけん） 岡山県

④ 広島県では、カキのようしょくがさかんだ。（ひろしまけん） 広島県

⑤ 山口県で、ふぐ料理をたべた。（やまぐちけん） 山口県

⑥ 徳島県に、阿波おどりを見に行く。（とくしまけん） 徳島県

⑦ 香川県は、うどんで有名だ。（かがわけん） 香川県

⑧ 今治タオルは愛媛県の特産品だ。（えひめけん） 愛媛県

⑨ 高知県で、カツオのたたきを食べた。（こうちけん） 高知県

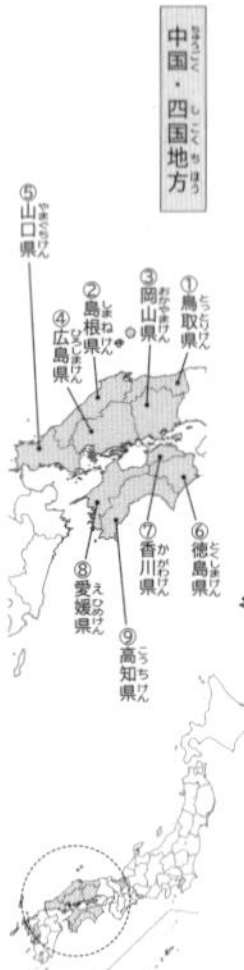

80

81頁

言葉 都道府県名の漢字 ⑥（九州・沖縄地方）

名前

● 次の都道府県名の読みがなを（　）に、□に漢字を書きましょう。

① 福岡県で、とんこつラーメンを食べた。（ふくおかけん） 福岡県

② 佐賀県は、有田焼で有名だ。（さがけん） 佐賀県

③ 長崎県で、おみやげにカステラを買った。（ながさきけん） 長崎県

④ 熊本県は、トマトの生産量が多い県である。（くまもとけん） 熊本県

⑤ 大分県で温泉をめぐる。（おおいたけん） 大分県

⑥ 宮崎県で、チキンなんばんが生まれた。（みやざきけん） 宮崎県

⑦ 鹿児島県の桜島は、活火山だ。（かごしまけん） 鹿児島県

⑧ 沖縄県で海にもぐって、サンゴを見た。（おきなわけん） 沖縄県

81

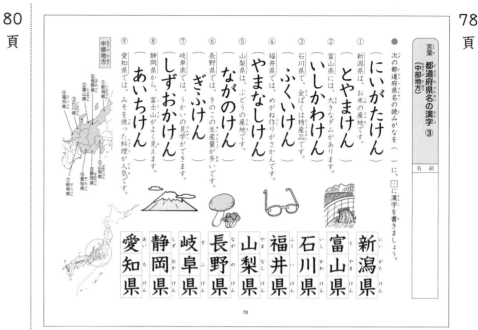

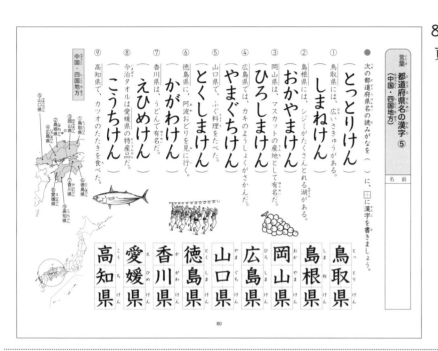

※児童に取り組ませる前に、必ず先生が問題を解いてください。本書の解答や指導にあたっては、あくまで１つの例です。児童の多様な考えに寄り添って、○つけをお願いします。

解答例

※ワークシートと解答例は、学習する児童の実態にあわせて拡大してお使いください。

82 頁

言葉 都道府県名のローマ字①

名前

(1) 次の都道府県名のローマ字をなぞりましょう。都道府県名を〔 〕にひらがなで書きましょう。

① 北海道
Hokkaidô
〔 ほっかいどう 〕

② 東京都
Tôkyô-to
〔 とうきょうと 〕

③ 兵庫県
Hyôgo-ken
〔 ひょうごけん 〕

(2) ローマ字には、書き方が二つあるものがあります。ローマ字をなぞりましょう。
都道府県名を〔 〕にひらがなで書きましょう。

① 福島県
Hukusima-ken
Fukushima-ken
〔 ふくしまけん 〕

② 愛知県
Aiti-ken
Aichi-ken
〔 あいちけん 〕

③ 京都府
Kyôto-hu
Kyôto-fu
〔 きょうとふ 〕

④ 徳島県
Tokusima-ken
Tokushima-ken
〔 とくしまけん 〕

⑤ 鹿児島県
Kagosima-ken
Kagoshima-ken
〔 かごしまけん 〕

書き方が二つある都道府県名をさがしてみよう。

82

83 頁

言葉 都道府県名のローマ字②

名前

(1) 次の都道府県名のローマ字をなぞりましょう。読み方を、〔 〕にひらがなで書きましょう。

① 岩手県
Iwate-ken
〔 いわてけん 〕

② 和歌山県
Wakayama-ken
〔 わかやまけん 〕

③ 鳥取県
Tottori-ken
〔 とっとりけん 〕

④ 千葉県
Tiba-ken
Chiba-ken
〔 ちばけん 〕

⑤ 石川県
Isikawa-ken
Ishikawa-ken
〔 いしかわけん 〕

漢字でも、ローマ字でも読めたかな？

(2) あなたが住んでいる都道府県名を、書いてみましょう。

① ひらがなで書きましょう。
（略）

② 漢字で書きましょう。
（略）

③ ローマ字で書きましょう。
※書き方が二つあるときは二つ書いてみましょう。
（略）

83

【本書の発行のためにご協力頂いた先生方】（敬称略）

羽田　純一（はだ　じゅんいち）　元京都府公立小学校教諭
中村　幸成（なかむら　ゆきなり）　元奈良教育大学附属小学校主幹教諭
新川　雄也（しんかわ　ゆうや）　元愛媛県小学校教諭

【企画・編集】

原田　善造（はらだ　ぜんぞう）　学校図書教科書編集協力者
わかる喜び学ぶ楽しさを創造する教育研究所・著作研究責任者
元大阪府公立小学校教諭
（高槻市立芥川小学校特別支援学級教諭）

授業目的公衆送信などについての最新情報はこちらをご覧ください。

喜楽研の支援教育シリーズ
ゆっくり ていねいに 学びたい子のための
読解ワーク　ぷらす　4年

2025 年 3 月 10 日　　第 1 刷発行

原稿執筆者 ： 羽田 純一・中村 幸成・新川 雄也・水本 絵夢　他
イ ラ ス ト ： 山口 亜耶・日向 博子・白川 えみ　他
企画・編著 ： 原田 善造 （他８名）
編 集 担 当 ： 堀江 優子
発　行　者 ： 岸本 なおこ
発　行　所 ： 喜楽研（わかる喜び学ぶ楽しさを創造する教育研究所：略称）
〒 604-0854　京都府京都市中京区仁王門町 26-1　5F
TEL　075-213-7701　　FAX　075-213-7706
印　　　刷 ： 株式会社米谷

ISBN 978-4-86277-424-8　　Printed in Japan